HOLA DIOS,
UNA COSA MÁS

Publicado por:
Four Rivers Media Group 225 W. Seminole Blvd. Suite #105
Sanford, Florida. 32771

Traducción al español y revisión por God-First Arts Inc.

ISBN: 978-1-954089-03-7

Impreso en los Estados Unidos de América.

HOLA DIOS, UNA COSA MÁS

CÓMO HABLAR CON DIOS ACERCA DE LOS TEMAS DIFÍCILES

CUADERNO Y GUÍA DE ESTUDIO

ÍNDICE

NO TENGO TIEMPO

(PÁGINA EN EL LIBRO 5)

FECHA: ____________

Hola Dios.

¡Vaya, qué rápido pasa el tiempo! Sin darme cuenta, se me fue el día y ya es hora de dormir. No alcancé a hacer ni siquiera la mitad de las cosas que quería hacer hoy… mucho menos pasar tiempo contigo. Me frustro al darme cuenta que hay otras cosas en mi vida que priorizo más que pasar tiempo contigo. Necesito que seriamente me ayudes a cambiar eso. ¡Quiero cambiar mis prioridades, comenzando hoy mismo!

ESTAS SON ALGUNAS DE LAS EXCUSAS QUE ME HAN PREVENIDO PASAR TIEMPO CONTIGO:

1. ____

2. ____

3. ____

4. ____

5. ____

Yo sé que pasar tiempo contigo no es tiempo perdido. Nuestra relación es fundamental para vivir la vida para la cual fui creada; nuestra relación es mucho mayor que cualquier otra responsabilidad o logro en mi vida. Después de hablar contigo, siento que puedo enfrentar el día porque Tú estás a mi lado. Es hora de no dejar más las cosas para otro día y derrochar mi tiempo en ciertas cosas. Es hora de ponerte a ti en primer lugar.

ESTAS SON ALGUNAS COSAS QUE PUEDO HACER, ALGUNAS ESTRATEGIAS, PARA DEDICARTE MÁS TIEMPO A TI:

1. ______________________________

2. ______________________________

3. ______________________________

4. ______________________________

5. ______________________________

Te necesito aquí conmigo y que me ayudes a ponerte en primer lugar. Yo sé que mi tiempo se multiplica y puedo usarlo sabiamente cuando estás conmigo ayudándome. Tiempo, hay de sobra; recuérdamelo cuando tenga sueño, cuando me sienta estresada o cuando leer mi Biblia y doblar mis rodillas no parece ser tan emocionante como solía serlo. No hay nada más emocionante que hablar contigo. ¡Tú eres el Creador del universo! De ahora en adelante, ¡voy a ponerte a ti en primero lugar!

Mi oración y mis pensamientos

Para profundizar más el estudio, lee Miqueas 7:7, Salmos 84:10, Efesios 5:15-17.

CUANDO ME SIENTO DÉBIL

(PÁGINA EN EL LIBRO 9)

FECHA: ____________

Hola Dios.

No tengo fuerzas para continuar. He llegado a mi límite. Pensé que podía enfrentar esto sola; llevo tiempo tratando hacerlo por mi propia cuenta. Pero… resulta que soy demasiada débil. ¿Significa eso que he fracasado?

Recuerdo que dijiste que nunca tendría que hacer el viaje sola. Tu Palabra promete que tú eres mi fuerza. Sin embargo, para poder aprovechar tu fuerza, sé que necesito humillarme y aceptar tu ayuda. ¿Por qué es tan difícil hacerlo?

ESTAS SON ALGUNAS DE LAS COSAS QUE HE TRATADO HACER EN MIS PROPIAS FUERZAS:

1. ____________________

2. ____________________

3. ____________________

4. ____________________

5. ____________________

A lo largo de la Palabra, veo las diferentes historias de tus hijos; los veo ganar batallas, avanzar en sus llamados, y vivir sus vidas al máximo. Pero el detalle está en que ninguno de ellos lo hicieron solos. Cada uno de ellos se apoyó en TU fuerza para enfrentar cada día. ¡Y también yo puedo hacerlo! Y al darme cuenta de ello, ¡me siento libre!

ESTOY DISPUESTA A RENDIRME ANTE TI Y ACEPTAR TU AYUDA Y SOLTAR O RENUNCIAR A:

1. ______________________________

2. ______________________________

3. ______________________________

4. ______________________________

5. ______________________________

¡Renuncio al empeño de querer hacerlo sola! Al fin y al cabo, eso nunca funciona. Tú moriste y resucitaste para que yo pudiera tener una relación contigo y entenderlo me ayuda a ser más que vencedora en esta vida. Estoy lista para ir a dónde me guíes y hacer lo que me pidas. ¡Estoy lista para ser fuerte en ti! ¡Hagámoslo juntos!

Mi oración y mis pensamientos

Para profundizar más el estudio, lee Lucas 1:37 y 2 Corintios 12:9-10.

AMARRADA

(PÁGINA EN EL LIBRO 13)

FECHA: ____________

Hola Dios.

¿Cómo hago con este peso inmenso que cargo sobre mis hombros? Siento como si todo el peso me aplastara. Ya tomé mi café, escuché música motivacional… pero pareciera que las pruebas van en aumento. ¡Esto nunca termina! Me siento restringida, atada, atrapada. Tu Palabra dice que tu yugo es ligero y fácil. Eso suena lindo en este momento… pero para asimilarlo, tengo que intercambiar mi peso por el tuyo. Tengo que soltar y renunciar a ciertas cosas.

ESTAS SON ALGUNAS DE LAS SITUACIONES MÁS GRANDES, PERSONAS Y COSAS QUE ACTUALMENTE ME PESAN:

1. ____

2. ____

3. ____

4. ____

5. ____

Yo sé que tu yugo no se siente como un peso. Es libertad, humildad, amor, compasión, gracia, y tantas otras cosas que no puedo fabricar por mi propia cuenta. Es soltar la basura y aferrarme a lo que verdaderamente importa.

A MEDIDA QUE INTERCAMBIO MI YUGO POR EL TUYO, QUIERO PODER AFERRARME A ESTOS ATRIBUTOS Y BENDICIONES QUE ENCUENTRO EN TI:

1. ______________________________

2. ______________________________

3. ______________________________

4. ______________________________

5. ______________________________

Gracias por prometerme que cargarías todo el peso que está sobre mis hombros. De hecho, gracias por cargarlo mucho mejor de lo que yo podría. Gracias por las bendiciones livianas y vivificantes que me das a cambio. ¡Tu intercambio es maravilloso! Aquí tienes mi yugo; tomo el tuyo y sigo hacia adelante, más suelta, liviana y libre.

Mi oración y mis pensamientos

Para profundizar más el estudio, lee Mateo 11:28-29, Filipenses 4:6 y 1 Pedro 5:6-7.

NO PUEDO ARREGLARLO

(PÁGINA EN EL LIBRO 17)

FECHA: ____________

Hola Dios,

Este desafío es más grande que yo. Ojalá pudiera tronar mis dedos y hacerlo desaparecer… pero obviamente es imposible. No puedo arreglar esto sola. Eso me hace sentir débil y vulnerable. Pero sé que tú no eres débil y vulnerable. Quizás la idea nunca fue que yo hiciera esto sola. ¡Quizás todo esto ha sido orquestado para que tu poder sea manifestado en mi vida!

LAS COSAS QUE HE ESTADO TRATANDO DE ARREGLAR SOLA SON:

1. ____________________________________

2. ____________________________________

3. ____________________________________

4. ____________________________________

5. ____________________________________

Cuando me siento atascada, sé que puedo caer a tus pies. Tu trato conmigo siempre es revitalizador y alentador; vida así nunca encontraré en otro lugar. No hay nada más como saber que tú –el Todopoderoso– estás a mi lado. Gracias por darme salvación y una seguridad sin fin. Necesito entregarte todas estas cosas y dejar que tú repares lo que yo no puedo reparar.

ESTAS SON ALGUNAS DE LAS COSAS A LAS QUE RENUNCIO Y TE ENTREGO:

1. ______________________________

2. ______________________________

3. ______________________________

4. ______________________________

5. ______________________________

Aunque es difícil renunciar al control, sé que la realidad es que nunca estuve verdaderamente en control de estas situaciones. ¡Gracias por ser Dios Omnipotente! Gracias por reparar lo que yo no puedo reparar, ¡incluyendo mi vida! ¡Eres maravilloso!

Mi oración y mis pensamientos

Para profundizar más el estudio, lee Jeremías 29:13-14 y 1 Pedro 5:7.

PRIMERO LA ADORACIÓN

(PÁGINA EN EL LIBRO 21)

FECHA: ____________

Hola Dios.

De principio a fin, me siento como que constantemente me atraso. Las responsabilidades y tareas se van acumulando en mi mente desde el momento en que mi despertador suena. ¡Vamos! *¡Apresúrate! ¡Más rápido!* ¡Siento la presión de cumplir y desempeñarme; siento la presión de no desilusionar a nadie! Sé que tú eres el único que puede darme paz y descanso; sé que lo único que deseas es pasar tiempo conmigo. Contigo, nunca necesito desempeñarme para ganarme tu AMOR. Me lo das por simplemente ser *yo misma.*

LO QUE ME USUALMENTE ME MOTIVA A MANTENERME OCUPADA ES:

1. ____________________

2. ____________________

3. ____________________

4. ____________________

5. ____________________

Martha pensó que estaba en lo correcto al mantenerse ocupada con los quehaceres de la casa en Lucas 10. Ella criticó a María por no hacer su parte. Pero Jesús le recordó a Marta que "hacer" es producto de "ser". Y al pasar tiempo contigo, al estar a tus pies como María lo estuvo, es cuando puedo ser auténticamente *yo misma.*

Con razón no tengo paz: no he tomado tiempo para sentarme a tus pies en este día (ni esta semana). En ti está todo lo que necesito… ¡tan solo necesito pasar tiempo contigo y que tu amor llene mi ser!

ME CUESTA ADMITIR QUE NO PUEDO HACERLO SIN TI. Y ÉSTAS SON LAS RAZONES POR QUÉ ME CUESTA TANTO:

1. ____________________

2. ____________________

3. ____________________

4. ____________________

5. ____________________

Perdóname por poner mis inseguridades y mi necesidad de desempeñarme primero, antes de ti. Reconozco que te he estado dando las sobras de mi vida en vez de lo mejor. Eso se termina hoy mismo. Rindo TODAS mis listas de tareas y responsabilidades, y las pongo en pausa. En este momento somos solo tú y yo, como se supone que cada día comience.

Mi oración y mis pensamientos

Para profundizar más el estudio, lee Éxodos 15:2, Colosenses 3:1-2 y Salmos 23:6.

QUIERO EL CONTROL DE NUEVO

(PÁGINA EN EL LIBRO 25)

FECHA: ____________

Hola Dios,

¡Este es el tipo de cosa que me saca de quicio! ¡Es de no creer! Sé que estoy permitiendo que estas personas y las circunstancias me roben la felicidad. Esto no es lo que quiero. Necesito retomar el control y mi felicidad.

ALGUNOS DE LOS ACONTECIMIENTOS DE ESTE DÍA QUE ME HAN ROBADO LA FELICIDAD SON:

1. ____________________

2. ____________________

3. ____________________

4. ____________________

5. ____________________

En tu Palabra está claro que puedo escoger la felicidad y el gozo a pesar de las circunstancias. En ti puedo encontrar verdadera felicidad; no en los acontecimientos de mi día. Es hora de reclamar el gozo incondicional que solo *tú das.*

HE AQUÍ ALGUNAS MANERAS EN QUE PUEDO ESCOGER SER FELIZ HOY, AÚN CUANDO MIS EMOCIONES DICEN LO CONTRARIO:

1. ______________________________

2. ______________________________

3. ______________________________

4. ______________________________

5. ______________________________

Contigo a mi lado, no hay razón para preocuparme o obsesionarme con lo que haya pasado. Es tiempo de retomar el control de mi perspectiva. Tu fuerza es la mía. Y en este momento, elijo ser feliz. Elijo andar en tus caminos en vez de los míos. ¡Gracias por el poder que me das de escoger cómo voy a vivir cada día!

Mi oración y mis pensamientos

Para profundizar más el estudio, lee Habacuc 3:17-19, 1 Crónicas 16:27 y Salmos 2:4.

ESTOY TAN AVERGONZADA

(PÁGINA EN EL LIBRO 29)

FECHA: ____________

Hola Dios.

¡NADIE puede enterarse de lo que acaba de pasar! ¡Yo no soy así!…¿verdad? Me siento como que todos me están mirando. Esto solo puede empeorar… puedo sentir la presión. Sé que me has perdonado, pero no puedo hacerlo sola. Sigo repitiendo en mi mente lo que pasó y ¡me siento tan avergonzada!

ESTOS SON LOS REMORDIMIENTOS Y LA VERGÜENZA QUE AÚN CARGO CONMIGO CADA DÍA:

1. ____________________

2. ____________________

3. ____________________

4. ____________________

5. ____________________

De alguna manera, tu compresión es más fácil de entender que la de todos ellos. Tu presencia no me provoca a huir y esconderme… al menos no tanto. ¡Tu perdón y tu gracia son increíbles!

¡Ojalá todos pudieran ver mis fracasos como tú los ves! Necesito tu ayuda para soltar toda mi vergüenza. Sé que Jesús vino, murió y resucitó para liberarme de esta vergüenza. Tan solo necesito un poco de ayuda para poder entregarla y rendirla.

ESTAS SON ALGUNAS DE LAS RAZONES POR LAS QUE ME CUESTA TANTO SOLTAR TODA VERGÜENZA Y REMORDIMIENTO:

1. ______________________________

2. ______________________________

3. ______________________________

4. ______________________________

5. ______________________________

¡Sé que Jesús llevó consigo toda mi vergüenza en la cruz! Y también sé que Él me vistió de su Justicia. ¡Cuán maravilloso ejemplo! ¡Me abruma pensar que me amaras tanto! ¡Solo tú tomas al indigno y lo vistes de gracia! ¡Gracias por ser quien eres! Ayúdame a verme, y ver a otros, desde tu perspectiva. Ayúdame a ser más como tú cada día.

Mi oración y mis pensamientos

Para profundizar más el estudio, lee Isaías 61:7,
Romanos 9:33, Hebreos 12:2 y Apocalipsis 3:18.

EL RETRASO DE UN SUEÑO

(PÁGINA EN EL LIBRO 33)

FECHA: ___________

Hola Dios.

¡Estaba lista para correr! Tengo un sueño. Las oportunidades comenzaron a llegar… pero de repente, pareciera como que el sueño se retrasó. Tú lo cumplirás —tengo fe en que lo harás—, pero ¿por qué este retraso? ¡Pensé que ya se habría cumplido!

ESTOS SON LOS SUEÑOS Y OBJETIVOS QUE PARECIERAN ESTAR EN "PAUSA" POR ALGUNA RAZÓN:

1. ___________________________

2. ___________________________

3. ___________________________

4. ___________________________

5. ___________________________

Yo sé que Noé tuvo que esperar cientos de años para que su sueño se hiciera realidad. Me gustaría evitar ese proceso, si es posible, por favor. De todos modos, sé que parte de tu plan para mi vida en esta etapa de espera es desarrollar mi paciencia.

Quizás, lo que necesito es confiar en tu tiempo perfecto. Yo sé que quieres lo mejor para mí, aunque las cosas no se den a mi manera. ¡Este retraso tiene que ser parte de tu plan! A ti no solo te interesa el resultado final; te importa el proceso y que tu carácter sea forjado en m*í*.

ALGUNAS DE LAS COSAS QUE HAS ESTADO DESARROLLANDO EN MÍ DURANTE ESTE TIEMPO DE ESPERA SON:

1. ______________________________

2. ______________________________

3. ______________________________

4. ______________________________

5. ______________________________

Ahora me doy cuenta de que tú no atrasas los sueños. Tú estás por encima del tiempo. Las cosas suceden de manera perfecta: tú no quieres que yo sólo alcance el sueño, sino que también pueda preservarlo. Gracias Dios, por no operar según mi tabla de planificación y mi noción del tiempo. ¡Gracias por ser tan sabio y por ser tan bueno conmigo!

Mi oración y mis pensamientos

Para profundizar más el estudio, lee Génesis 6:14-15, Génesis 6:22, 2 Pedro 3:9 y Ezequiel 12:28.

NO SIENTO EL AMOR

(PÁGINA EN EL LIBRO 37)

FECHA: ______________

Hola Dios.

No te puedo sentir en este momento. Mi mente sabe que nunca me abandonas… pero ¿por qué siento últimamente como si estuviera hablándole al techo? Necesito constantemente renovar mi mente con la verdad y no desviarme de tu amor. Aun cuando no te siento, sé que estás allí.

ESTAS SON ALGUNAS OCASIONES EN LAS QUE NO TE SENTÍA, PERO AL POCO TIEMPO PUDE VER QUE SIEMPRE ESTUVISTE CONMIGO:

1. ______________________________

2. ______________________________

3. ______________________________

4. ______________________________

5. ______________________________

Recuerdo que una y otra vez, tu pueblo se apartaba de ti porque ellos pensaban que podían hallar satisfacción y amor fuera de tu protección. Y una y otra vez, regresaban al darse cuenta que solo tú eras la verdadera fuente de amor. ¡Nada puede sacudir tu amor por mí! Tu Palabra lo deja claro.

¡Quizás, esta es una oportunidad de compartir tu amor con todos tus hijos! Una oportunidad de demostrarle al mundo que el amor no es solo emociones sino un hecho. Todos podemos sentirnos seguros en tu amor, aunque no te sintamos.

TENGO QUE RECONOCER QUE HE VISTO TU AMOR DE MUCHAS FORMAS PRÁCTICAS, AUN CUANDO NO TE PODÍA SENTIR:

1. ______________________________

2. ______________________________

3. ______________________________

4. ______________________________

5. ______________________________

¡Gracias por tu amor, Dios! Gracias que es mucho más profundo que nuestras emociones. ¡Gracias que tu amor nunca cambia! Gracias por hacerme tu hija y por amarme incondicionalmente. Ayúdame a compartir ese amor con otros.

Mi oración y mis pensamientos

Para profundizar más el estudio, lee Isaías 54:10, Lucas 15:21-24 y Romanos 8:38-39.

NO QUIERO ESPERAR

(PÁGINA EN EL LIBRO 41)

FECHA: ____________

Hola Dios.

A nadie le gusta esperar, incluyéndome a mí. ¿Por qué habría de esperar ahora mismo? Estoy lista para lo que me has llamado a hacer. Estoy lista, pero tener que sentarme aquí y esperar, me está volviendo loca. Supongo que no eres un dios de servicios "on demand". Quizás mi perspectiva es más adecuada para empresas de servicio de entrega –como Door Dash y Shipt– que para tus caminos.

ESTAS SON CINCO COSAS POR LAS CUALES NO QUIERO ESPERAR:

1. ____________________

2. ____________________

3. ____________________

4. ____________________

5. ____________________

En vez de ser impaciente y estar ansiosa por que no has contestado mis preguntas y peticiones como yo esperaba, debería ser agradecida que me escuchas. En realidad, es locura pensar en eso: recibes oraciones de billones y billones de personas, y tienes la paciencia para escucharlas todas –aun cuando algunas de ellas sean algo tontas–.

Si quieres que espere, controlaré mi actitud y me entregaré a tu tiempo. Te alabaré mientras espero. Al fin y al cabo, tus tiempos son perfectos. Eres más sabio que cualquier persona a quién pudiera acudir en busca de consejo o perspectiva de mis sueños.

ESTAS SON CINCO COSAS QUE PODRÍA HACER PARA DARTE GLORIA Y HONRARTE MIENTRAS ESPERO:

1. ______________________________

2. ______________________________

3. ______________________________

4. ______________________________

5. ______________________________

La verdad que, después de todo, esperar en ti no es lo peor que he tenido que hacer. Es lo mejor que podría hacer. Al esperar en ti, estoy segura, voy rumbo al éxito, y estoy siendo preparada para ser más como tú. No hay otro lugar donde quiera estar. Gracias Señor, por enseñarme a esperar en ti.

Mi oración y mis pensamientos

PARA PROFUNDIZAR MÁS EL ESTUDIO, LEE SALMOS 27:13-14, HEBREOS 11:30, LAMENTACIONES 3:25.

EN UN ABRIR Y CERRAR DE OJOS

(PÁGINA EN EL LIBRO 45)

FECHA: ____________

Hola Dios.

Acabo de perder a un ser querido y todavía no lo puedo creer. Pareciera ser mentira. Pero de repente comienzo a sentirme confundida… angustiada… enojada. ¡No puedo creer que esta persona ya no esté más aquí!

Yo sé que está contigo y que ese es el mejor lugar donde pudiera estar. Pero igual duele demasiado. Definitivamente ayuda pensar en todas las cosas que ya debe estar disfrutando en el cielo contigo…

ESTO ES LO QUE SÉ QUE TU PALABRA PROMETE EN CUANTO AL CIELO Y LO QUE MI SER QUERIDO PODRÁ PRESENCIAR:

1. ____

2. ____

3. ____

4. ____

5. ____

Hay muchos lugares que aún no he visitado, pero eso no quiere decir que no existan. Yo creo que algún día veré a mi ser querido otra vez porque ¡yo creo en tu Palabra! Mientras espero la llegada de ese día, puedo estar confiada en que está en tu cuidado. Después de todo, ¡esto no te tomó por sorpresa a ti!

Por favor, ayúdame a procesar mi pesar; ayúdame a atravesar este tiempo difícil y a vislumbrar tu perfecto plan en medio de todo esto. Sé que quizás sólo pueda entenderlo el día que tú y yo estemos cara a cara, pero confío en ti.

ESTAS SON ALGUNAS DE LAS COSAS QUE VOY A EXTRAÑAR DE LA PERSONA QUE AHORA DESCANSA EN TUS BRAZOS:

1. ______________________________

2. ______________________________

3. ______________________________

4. ______________________________

5. ______________________________

Gracias por estar conmigo, Jesús, en medio de mi dolor. Gracias por sostener a mi ser querido en tus brazos de poder. Mientras espero aquel día en que pueda verlo otra vez, descansaré sabiendo que descansa en tu cuidado y que ya no sufre más. Gracias por tu plan eterno y maravilloso.

Mi oración y mis pensamientos

PARA PROFUNDIZAR MÁS EL ESTUDIO, LEE 2 CORINTIOS 5:8, 2 PEDRO 3:8, APOCALIPSIS 22:5 Y APOCALIPSIS 21:4.

SABOR DE MONTAÑA

(PÁGINA EN EL LIBRO 49)

FECHA: ___________

Hola Dios.

Me siento rodeada en este momento; rodeada por otras personas, rodeada de desafíos, rodeada por montañas. Cada montaña es un desafío que tengo que enfrentar. A medida que miro a mi alrededor, todas estas personas parecieran ser más aptas que yo para escalar estas montañas. ¿Cómo pudiste escogerme y amarme a mí de entre toda esta gente?

La Biblia nos enseña que tú eres el labrador y nosotros las viñas. Eso significa que tú me vistes –me cuidas– y me observas. Me podas, me alimentas, y me ayudas a florecer. Me rodeas gracias al triunfo de Cristo en la cruz. Tú tienes diferentes planes para tus hijos y tu plan para mí es único.

MUCHAS VECES HE VISTO TU MANO OBRAR EN MI VIDA DE MANERA ÚNICA Y ESPECIAL. RECUERDO CUANDO:

1. ___________
2. ___________
3. ___________
4. ___________
5. ___________

Pensando otra vez en las viñas y los vinos: cada viña tiene un gusto diferente. Cada lado de la montaña produce diferentes tipos de uvas y sabores. ¿Por qué? Porque cada lugar tiene sus propios atributos y características que lo distingue. Puede que todas estas uvas se vean parecidas, pero el sabor será siempre diferente.

ME PREGUNTO QUÉ QUERRÁS HACER CON MI SABOR DE MONTAÑA. ESTAS SON ALGUNAS DE LAS FORMAS EN LAS QUE PODRÍAS USARME PARA ENDULZAR LA VIDA DE ALGUIEN AL COMPARTIR MIS EXPERIENCIAS Y VIVENCIAS:

1. ______________________________

2. ______________________________

3. ______________________________

4. ______________________________

5. ______________________________

Me has hecho un sabor único; producto de mis montañas. Cada vida es diferente, pero eres tú quien las orquesta todas. ¡Eres el mejor labrador! Así que… ¿qué otros sabores agregarás a mi vida ahora? ¡No veo la hora de descubrirlo!

Mi oración y mis pensamientos

Para profundizar más el estudio, lee Juan 15:1-2, Isaías 61:10 y Salmos 139:14.

LUCHANDO CON DIOS

(PÁGINA EN EL LIBRO 53)

FECHA: ____________

Hola Dios.

Bueno, ¡vamos a tomarlo con calma! Nos estábamos divirtiendo, pero de repente, ¡esto DUELE! ¿Por qué me siento como que estoy luchando contigo? Y no me refiero a las luchas que se dan entre hermanos. Esto se asemeja más a las luchas que he visto en la tele. Entiendo lo que me estás diciendo, pero no es la respuesta que quería oír. No tengo ganas de hacer lo que me estás pidiendo que haga… y es por eso que me resisto.

TENGO QUE ADMITIR QUE HAY COSAS QUE ME HAS PEDIDO QUE HAGA, QUE NO ES QUE LO QUE HUMANAMENTE QUISIERA HACER:

1. ____________________

2. ____________________

3. ____________________

4. ____________________

5. ____________________

Entregarme a tu voluntad nunca es perder. No hace falta que me ponga a la defensiva, dura y combativa contigo. Cuando cedo a ti, como lo hizo Jacob en Génesis, en realidad termino ganando. ¿Por qué? Porque así es como descubro tu perfecta voluntad para mi vida; tu bendición y tu favor. Tengo la opción de humillarme delante de ti o ser humillada. Después de reflexionar, creo que mejor escojo humillarme.

TOMANDO EN CUENTA LA LISTA DE ARRIBA, ESTO ES LO QUE PUEDO HACER PARA DAR UN PASO DE OBEDIENCIA EN DIRECCIÓN A LO QUE TÚ ME HAS PEDIDO QUE HAGA:

1. ______________________________

2. ______________________________

3. ______________________________

4. ______________________________

5. ______________________________

Ya no lucharé más contigo, Dios. Ya no insistiré más en hacer las cosas a mi manera. ¿Por qué habría de pelearte? Tú quieres lo mejor para mí. Necesito confiar en que lo mejor que tú tienes para mí es mucho mejor de lo que yo jamás podría idear. ¡Me rindo, Dios! ¡Haz tu maravillosa voluntad en mí!

Mi oración y mis pensamientos

PARA PROFUNDIZAR MÁS EL ESTUDIO, LEE HEBREOS 13:20-21, 1 PEDRO 4:1-2, GÉNESIS 25:23-26.

• • ● ⬤ ● • •

NO QUIERO QUE ME VEAS AHORA MISMO

(PÁGINA EN EL LIBRO 57)

FECHA: ____________

Hola Dios.

Si soy cien por ciento honesta contigo, te he estado evitando. No hiciste nada malo… el problema soy yo. ¡Soy un desastre! No quiero que me veas así. Al fin y al cabo, si yo no puedo amarme a mí misma en este momento, ¡¿cómo podrías amarme tú a mí?! El hijo pródigo se sintió de la misma manera. Tenía hambre y estaba sucio; era un verdadero desastre. Y su padre… pues… su padre lo recibió con brazos abiertos. ¿Es ese el punto de la historia? ¿Demostrarme que siempre puedo correr a ti, sin importar qué haya hecho?

SÉ QUE SIEMPRE ME HAS ACEPTADO EN EL PASADO, AUN CUANDO MI VIDA ESTABA DESORDENADA. RECUERDO CUANDO…

1. ____________________

2. ____________________

3. ____________________

4. ____

5. ____

Ahora que lo pienso, siempre has dejado en claro que siempre me aceptarás. No se basa en qué hago, sino en lo que Jesús hizo por mí. No me vas a dar una paliza, ni gritarme o mirarme con decepción. ¡Nunca! A través de Cristo, me amas incondicionalmente. ¡Me esperas con un abrazo! Saberlo es reconfortante. Ahora sé dónde pertenezco. Regresaré a casa –a tus brazos– porque ese es el único lugar donde soy verdaderamente bienvenida y aceptada.

PUEDO CONFIARTE MI DESORDEN COMO LO HE HECHO EN EL PASADO. ESTAS SON LAS ÁREAS DE MI VIDA A LAS CUALES TE DOY ACCESO:

1. ____

2. ____

3. ____

4. ____

5. ____

Gracias Jesús, por brindarme tu amor y permitirme ser trasparente contigo. Gracias porque siempre me aceptas con brazos abiertos. Gracias, Dios, por ser un dios amoroso que me ama incondicionalmente. Gracias por ser mi hogar.

Mi oración y mis pensamientos

Para profundizar más el estudio, lee 2 Corintios 3:18, Salmos 34:5 y Lucas 15:19-22.

EL ASIENTO DEL CONDUCTOR

(PÁGINA EN EL LIBRO 61)

FECHA: ____________

Hola Dios.

¿Viste que en un viaje siempre hay un itinerario, un mapa o horario que el viajero trata de seguir? Mirando mi horario personal, yo creo que estamos un POQUITO atrasados.

Bueno… BASTANTE atrasados. Pensé que estaba dirigiéndome en la dirección correcta, pero parece que me equivoqué. De hecho, eres tú quien está guiando mi vida… aún cuando no estoy de acuerdo con tus decisiones.

ESTAS SON LAS VUELTAS, SALIDAS Y DECISIONES QUE HAS TOMADO EN EL PASADO Y CON LAS QUE MUCHAS VECES NO ESTUVE INMEDIATAMENTE DE ACUERDO…

1. ____________

2. ____________

3. ____________

4. ____________

5. ____________

Hay una razón por la cual eres tú —y no yo— que ocupa el asiento del conductor. *Tú*, todo lo conoces, eres sabio y eres bueno. Sin embargo, yo no soy nada de esas cosas. Tú eres la mejor opción para guiar mi vida y mi alma lo sabe bien. Siempre que insisto en mi voluntad, termino frustrada y ansiosa. ¡Y eso no es lo que quiero! ¡Quiero disfrutar el viaje!

Así que suelto todas las cosas a las cuales me aferro y quiero sujetar. Te devuelvo tu trono y te doy control del volante, que siempre te ha pertenecido.

TE DEVUELVO ESTAS COSAS PARA QUE PUEDAS ESTAR EN CONTROL DE ELLAS. SÉ EL CONDUCTOR EN ESTAS ÁREAS DE MI VIDA:

1. ________________________________

2. ________________________________

3. ________________________________

4. ________________________________

5. ________________________________

No necesito saber cada curva que tomemos en el camino; ni siquiera tiene que gustarme. Pero sí necesito rendirme y entregarme a ti. Tus planes son mejores que cualquier mapa que yo pudiera trazar para mi vida. Así que… ¿a dónde vamos ahora? Prometo no molestarte con mi incesante pregunta, "¿ya llegamos?".

Mi oración y mis pensamientos

Para profundizar más el estudio, lee Salmos 37:5, Jeremías 29:11 y Proverbios 16:9.

ESTOY ENOJADA

(PÁGINA EN EL LIBRO 65)

FECHA: ____________

Hola Dios.

¿Puedes creer lo que acaba de suceder? ¡Estoy tan enojada! Perdóname si se me escapa alguna palabrota, pero es que ¡no está bien lo que hicieron! Tengo ganas de ponerlos en su lugar o pagarles con la misma moneda. ¡Es que no puedo creer que pensaran que lo que hicieron está bien! ¡Yo nunca haría algo así! Bueno… al menos, no lo haría intencionalmente. Aunque, ahora que lo pienso… yo también me he equivocado y he metido la pata en el pasado.

TENGO QUE ADMITIR QUE ESTOS NO SON MOMENTOS DE LOS CUALES ME SIENTO ORGULLOSA:

1. ____________________

2. ____________________

3. ____________________

4. ____________________

5. ____________________

En resumidas cuentas, he hecho cosas de las cuales me arrepiento. Algunas personas probablemente tienen el derecho de sentirse enojados conmigo, porque admito que he hecho cosas que han exacerbado a otros. De hecho, probablemente a quien más he exacerbado es a ti. Sin embargo, tú nunca te has quejado ni te has enfurecido conmigo, lo cual es un gran alivio porque de no ser así, querría que me tragara la tierra.

Si yo necesito gracia y perdón, también otros los necesitan. Y para recibir perdón, necesito yo primero perdonar a quienes me han hecho mal a mí. Aunque preferiría gritar en este momento, necesito tu ayuda para calmarme; necesito tu paz; necesito tu misericordia sobrenatural.

ESTAS SON LAS COSAS QUE NO PUEDO PRODUCIR EN MIS PROPIAS FUERZAS Y QUE MI ESPÍRITU NECESITO QUE DE TI:

1. ______________________________

2. ______________________________

3. ______________________________

4. ______________________________

5. ______________________________

¡Señor, ayúdame! Ayúdame a perdonar a esta persona con el mismo perdón que desesperadamente necesito yo de ti. Haz tu voluntad en mi corazón. Cámbialo para que sea más como tú. Ayúdame a sembrar perdón para que pueda cosecharlo y experimentarlo en mi vida. ¡Gracias por siempre perdonarme!

Mi oración y mis pensamientos

Para profundizar más el estudio, lee Efesios 4:26, Colosenses 3:12-13 y Romanos 12:17-18.

EL DESASTRE

(PÁGINA EN EL LIBRO 69)

FECHA: ____________

Hola Dios.

Acabo de pasar tiempo en las redes sociales. ¿Por qué será que las fotos de los demás pintan una vida perfecta y natural? ¡A mí me toma como una hora tomar una foto aceptable de mi plato de comida! Es fácil ver el lado lindo de las vidas de mis amigos… pero necesito recordar que nadie tiene una vida perfecta.

Me dan celos cuando veo a otros disfrutar de felicidad y éxito. Yo sé que no debería compararme, pero hay días en los que mi casa es un desorden, mis emociones están fuera de control y yo soy un desastre. Pero al mismo tiempo… puedo recordar varias ocasiones en el pasado en las que sacaste algo bueno de un desastre…

ESTAS SON ALGUNAS OCASIONES EN TU PALABRA QUE TOMASTE ALGO O A ALGUIEN QUE ERA UN DESASTRE Y LO CONVERTISTE EN ALGO QUE PUDIERA GLORIFICARTE:

1. ____

2. ____

3. ____

4. ______________________________

5. ______________________________

La Biblia dice que tu poder es perfeccionado en la debilidad. Si no tuviera debilidades, no te necesitaría como te necesito. No existiría el potencial de demostrar tu fuerza en mi vida. Cuando mis ojos contemplan un desastre, tú ves la oportunidad perfecta para manifestarte. De hecho, probablemente ya te estás manifestando en mi vida, solo necesito mirar más detenidamente para ver la evidencia de tu mano moviéndose.

SI ME DETENGO Y MIRO A MI ALREDEDOR, PUEDO VER TU PROVISIÓN, PRESENCIA Y TU MANO OBRAR EN MI VIDA. POR EJEMPLO:

1. ______________________________

2. ______________________________

3. ______________________________

4. ______________________________

5. ______________________________

¡Estoy lista para ver más allá del desastre! Al fin y al cabo, todo ser humano en el planeta tiene un desorden o desastre –no importa cuánta actividad tenga en las redes sociales–. Voy a confiar en tu proceso. Voy a confiar en ti más que en mi propia habilidad de mantener las cosas bajo control. Estoy tomando la decisión, ahora mismo, de disfrutar esta etapa loca en mi vida –este día caótico–. Voy a descansar en el hecho que estás trabajando en mi vida. Es un sumo privilegio que el Señor del universo ponga un cartel en mi vida que diga "en construcción".

Mi oración y mis pensamientos

PARA PROFUNDIZAR MÁS EL ESTUDIO, LEE GÁLATAS 5:26, 2 CORINTIOS 12:9 Y ÉXODOS 20:17.

ADICTA A LA APROBACIÓN

(PÁGINA EN EL LIBRO 73)

FECHA: ____________

Hola Dios.

Es loco pensar que basta con que alguien diga unas palabras –ya sea en persona o un comentario en Internet– para deshacer mi valía. ¿Por qué me afectan tanto sus comentarios? ¿Por qué depende mi validación de estas personas? Si soy honesta, aunque tuviera su aprobación, aún no estaría satisfecho mi ser. Sin embargo, una y otra vez vuelvo a caer en lo mismo.

ESTOS SON ALGUNOS LUGARES DONDE SUELO BUSCAR APROBACIÓN PARA MI ALMA:

1. ____________________

2. ____________________

3. ____________________

4. ____________________

5. ____________________

Al fin y al cabo, yo sé que mi llamado no es tener la aprobación de otros. De todos modos, es imposible tener la aprobación de todos y en todo momento. Jesús, tú viviste una vida terrenal perfecta, y aún así no tuviste la aprobación de todos. ¡La única aprobación que necesito para sentirme satisfecha y completa es la tuya! A fin de cuentas, tú me creaste y me conoces mejor de lo que yo me conozco a mí misma.

Comenzaré por reorientar mi enfoque de la aprobación de otros a buscar *tu* aprobación. Soy quien soy gracias a ti. Y para seguir siendo quien soy, necesito seguir tus pasos.

ALGUNAS MANERAS PRÁCTICAS EN LAS QUE PODRÍA REORIENTAR MI ENFOQUE SON:

1. ____________________

2. ____________________

3. ____________________

4. ____________________

5. ____________________

¡Gracias Dios! Gracias por ver más allá de mis pretensiones y fingimientos en mi esfuerzo de complacer a otros. ¡Gracias por verme tal como soy –mi lado real y auténtico– y por AMARME! ¡Eso es todo lo que podría desear y soñar! Ayúdame a ser más como tú cada día y convertirme en todo lo que destinaste para mí.

Mi oración y mis pensamientos

Para profundizar más el estudio, lee Salmos 91:2, 1 Pedro 2:9 y Gálatas 1:10.

ME HUNDO

(PÁGINA EN EL LIBRO 77)

FECHA: ___________

Hola Dios.

Honestamente siento que me estoy ahogando. Mis músculos están cansados; estoy haciendo todo lo posible para mantenerme a flote… pero cada vez se pone más difícil. Siento que comienzo a hundirme. Seguramente recuerdas cuando Pedro se hundía en las olas del Mar de Galilea. Quizás es así precisamente como me siento yo en este momento.

Pero no dejaste que Pedro se hundiera. Lo único que tuvo hacer Pedro fue llamarte.

Yo haré lo mismo en este momento. ¡Señor, ayúdame! Necesito desesperadamente tu ayuda. ¡No puedo hacer esto sola!

¡NO PUEDO HACER ESTAS COSAS SIN TU AYUDA! ESTAS COSAS SON DEMASIADO PESADAS PARA MÍ SOLA:

1. ___________________________

2. ___________________________

3. ___________________________

4. ______________________________

5. ______________________________

Yo tengo fe y creo que tú vendrás a mi socorro, tal como rescataste a Pedro; no porque yo sea buena sino porque tú eres bueno y porque me amaste primero y me sigues amando incondicionalmente. Tú eres fiel; tú eres mi Salvador; ¡eres todo lo que necesito! En este momento, te entrego todas estas cosas que me pesan y abruman y confío en que tú te harás cargo de ellas. Voy a dejar de enfocarme en el "viento" y las "olas" y fijaré mis ojos en ti. Así es únicamente como superaré estos obstáculos.

ESTAS SON ALGUNAS COSAS QUE HARÉ ESTA SEMANA PARA ENFOCARME MÁS EN MI SALVADOR QUE ES LAS CIRCUNSTANCIAS:

1. ______________________________

2. ______________________________

3. ______________________________

4. ______________________________

5. ______________________________

¡Gracias por venir a la tierra para salvar a la humanidad y gracias especialmente por salvarme a mí! Gracias a ti puedo despertar cada mañana y respirar aire fresco. Yo sé que me tienes "aquí" porque quieres enseñarme a confiar más en ti. ¡Y tienes mi consentimiento! Estoy dispuesta a dar todo de mí. Estoy lista para fijar mis ojos en ti en medio de la tormenta. ¡Caminemos sobre el agua juntos!

Mi oración y mis pensamientos

PARA PROFUNDIZAR MÁS EL ESTUDIO, LEE MATEO 14:30-31, LUCAS 19:10 Y SALMOS 107:20.

¿ESTOY EN LA PELEA EQUIVOCADA?

(PÁGINA EN EL LIBRO 81)

FECHA: ____________

Hola Dios.

Yo juraba estar en lo cierto y que eran ELLOS quienes estaban equivocados. Me sentía tan segura. Pero estoy estancada en el medio de esta pelea y ya no sé cuál es la verdad. No sé cómo resolverlo, cómo remendarlo. Tu Palabra dice claramente que mi deber es amar a otros como tú los amas. Excepto que… en la furia del momento, siempre creo que me las sé todas.

Resulta que, no soy tan buena como tú para discernir cómo intervenir en un desacuerdo. No puedo ser de gran ayuda si el tono de mi voz es áspero y mi actitud es vengativa. Ese no es mi lugar ni mi llamado. Una y otra vez me recuerdas que no necesito entrometerme en cada pelea. No todas las peleas son para mí.

ESTAS SON ALGUNAS PELEAS QUE VEO A MI ALREDEDOR, PERO NO NECESITO INTERVENIR:

1. ______________________________

2. ______________________________

3. ______________________________

4. ____

5. ____

Mi intención ha sido ayudar, pero hay tantos otros lugares donde podría ayudar, si tan solo me entregara a tu voluntad –aportar perdón, gracia, misericordia y apoyo–. Me has rodeado de tantas oportunidades de ser ejemplo de tu carácter para otros. Tan solo necesito tu discernimiento y tu espíritu para saber cu*á*ndo debo y no debo meterme.

Revélame las personas y las áreas en donde podría verdaderamente ser de ayuda. Dame pasión por la diferencia que quieres que yo marque en este mundo. Y pule mi carácter para que pueda caminar según TU plan y voluntad, no mi propia agenda.

ESTOS SON ALGUNOS LUGARES EN LOS QUE ME HAS DADO INFLUENCIA Y DONDE PODRÍA AYUDAR A OTROS Y QUE TÚ SEAS GLORIFICADO EN EL PROCESO:

1. ____
2. ____
3. ____
4. ____
5. ____

El enemigo ha estado tratando de mantenerme enojada, confundida y arrogante. Pero dejo atrás todas esas actitudes. He estado mirando las cosas desde el ángulo incorrecto. Mi espíritu ha decaído. Ayúdame, Señor, a ver a otros como tú los ves. Ayúdame a saber y reconocer mis limitaciones y en qué áreas puedo ser de mayor ayuda. ¡Ayúdame a ayudar como lo haces tú!

Mi oración y mis pensamientos

PARA PROFUNDIZAR MÁS EL ESTUDIO, LEE PROVERBIOS 22:10, MATEO 18:21-22 Y ROMANOS 12:18.

¿DE VERDAD ESTÁS AQUÍ?

(PÁGINA EN EL LIBRO 85)

FECHA: ____________

Hola Dios.

Se me hace muy difícil sentirte o verte en este momento. ¿Estás cerca? Verdaderamente no sé. No me malentiendas, te estoy buscando. Puedo verte de a ratos aquí y allá… pero no es suficiente. ¿Dónde estás?

Se me hace fácil identificar todas las áreas que quiero que cambies –las relaciones que necesitan ser restauradas; las finanzas que no alcanzan; el estrés y la ansiedad que me rodean–, pero te siento lejos. Pero sé que mis sentimientos no siempre están alineados con la realidad. YO SÉ que siempre estás conmigo. ¡Tu Palabra dice que nunca me dejas ni me abandonas!

EN EL PASADO, HA HABIDO MOMENTOS EN LOS QUE NO TE SENTÍ PRESENTE, PERO DESPUÉS, PUDE VER QUE SIEMPRE ESTUVISTE CONMIGO. COMO CUANDO…

1. ____________

2. ____________

3. ____________

4. ____

5. ____

A lo largo de las Escrituras, tu pueblo te siguió por fe, aun cuando no podían verte ni sentirte. Ellos sabían que no los abandonarías. Les diste la victoria y los protegiste en medio de las circunstancias más increíbles. Tengo que confiar que estás haciendo lo mismo conmigo; que estás aquí, incluso cuando no te puedo sentir. No miraré más las circunstancias a través de mis ojos naturales sino con mis ojos espirituales. ¡Tendré fe que va más allá de mis sentimientos y se aferra a lo que SÉ!

TU PALABRA DICE QUE TÚ SIEMPRE ERES ASÍ CON TUS HIJOS (¡ESA SOY YO!):

1. ____

2. ____

3. ____

4. ____

5. ____

Gracias, Dios por siempre estar conmigo; por ayudarme siempre, aún cuando no lo reconozco. Gracias por ser fiel y paciente conmigo a medida que aprendo a buscarte. ¡Te amo tanto! ¡Estoy tan agradecida que siempre estás aquí!

Mi oración y mis pensamientos

PARA PROFUNDIZAR MÁS EL ESTUDIO, LEE JUAN 14:16-17, HECHOS 10:34, 2 CORINTIOS 5:7.

¿ME AYUDAS?

(PÁGINA EN EL LIBRO 89)

FECHA: ____________

Hola Dios.

En este momento, no me siento digna de tu ayuda, aunque la necesito desesperadamente. Mi mente está aturdida con todas las razones por las cuales no merezco tu amor… un caso perdido. He pecado en contra de ti tantas veces… y te he decepcionado. No merezco ni un segundo de tu ayuda.

Si fueras como yo, entonces estaría en serios problemas –los seres humanos solemos ayudar a otros basado en nuestros sentimientos y si consideramos que la persona merece ser ayudada–. Pero tú no eres así. Tú amas a tus enemigos; perdonas a aquellos que han pecado en contra de ti. Cuando pienso en eso, tu Palabra está llena de personas que te han decepcionado, sin embargo, ¡aún así los ayudaste!

HAY MUCHAS PERSONAS EN LA BIBLIA QUE, A PESAR DE QUE SE EQUIVOCARON, IGUAL RECIBIERON TU AYUDA:

1. ____________________

2. ____________________

3. ____________________

4. ______________________________

5. ______________________________

Tú no necesitas que ordene mi vida antes de buscarte, y no podría hacerlo incluso si intentara. Por el contrario, estás esperando que te traiga mi desorden para convertirlo en una obra maestra. Eres la única fuente de perdón y justicia. No hay otro lugar al que pueda correr donde sea aceptada, escuchada y apoyada incondicionalmente como lo soy en ti.

Ni siquiera sé bien por qué pensé que necesitaba ser "lo suficientemente buena" en primer lugar; es lo opuesto de lo que dice tu Palabra. Pero el mundo en el que vivo tiene muchos mensajes que contradicen al tuyo.

ESTAS SON OTRAS ÁREAS EN LAS QUE LA CULTURA Y MI ENTORNO ME DICEN LO OPUESTO A TU PALABRA:

1. ______________________________

2. ______________________________

3. ______________________________

4. ______________________________

5. ______________________________

Gracias por renovar mi mente con tu Verdad, Dios. Gracias por aceptarme incondicionalmente, ¡gracias al sacrificio de Jesús! Me acerco a ti con todo lo que soy sabiendo que nunca podré ganarme tu amor. Lo único que puedo hacer es agradecerte infinitamente y descansar en tu amor.

Mi oración y mis pensamientos

Para profundizar más el estudio, lee Isaías 41:10, 2 Corintios 12:9 y Mateo 7:7-8.

• • ●●● • •

LO QUIERO A MI MANERA

(PÁGINA EN EL LIBRO 93)

FECHA: ____________

Hola Dios.

¡UGH! ¡Las cosas no se dieron como tenía planeado OTRA VEZ! ¿Por qué me sigue pasando esto? Comienzo con las mejores intenciones –enserio– pero una y otra vez, miro hacia atrás preguntándome dónde fue que me desvié. ¡Es tan desalentador cuando eso sucede! Me siento frustrada, triste, y hasta un poco enojada. Sufro la pérdida de los planes que hice, pensando que eran también los tuyos…

ESTAS SON LAS COSAS QUE EN ESTE MOMENTO NO ESTÁN SALIENDO COMO YO PENSÉ O TENÍA PLANEADO:

1. ______________________________
2. ______________________________
3. ______________________________
4. ______________________________
5. ______________________________

Resulta que no soy buena para predecir tus planes. Aun así, de alguna manera logras sacar lo mejor de cada decepción que atravieso. ¡Eres increíble! Haces algo nuevo de mis frustraciones; conviertes mi lamento y tristeza en bien para mí y lo usas para tu gloria. Tu Palabra dice que podemos hacer planes, pero tú determinas nuestros pasos. ¡Definitivamente lo he visto en mi vida!

Entonces, ¿qué problema hay si las cosas no transcurren conforme a mi plan? De todos modos, mi plan sería algo aburrido. ¿A caso no es mejor entregarte mis planes a ti, sabiendo que cuando las cosas no transcurren como yo pensé, tú tienes algo mejor reservado para mí? Si miro hacia atrás, al pasado, he visto tu mano obrar y transformar mi vida en algo mejor de lo que yo podía imaginar.

ESTAS SON ALGUNAS DE LAS VECES QUE MI PLAN NO FUNCIONÓ Y LO QUE TÚ TENÍAS PARA MÍ RESULTÓ SER MUCHO MEJOR DE LO QUE ESPERABA:

1. ______________________________

2. ______________________________

3. ______________________________

4. ______________________________

5. ______________________________

Yo sé que simpatizas con mis debilidades y entiendes mi dolor cuando las cosas no se dan conforme a mi plan. Sé que estás conmigo en cada paso, guiándome, acomodando, y obrando todas las cosas para bien. Necesito confiar en ti y tener la perspectiva adecuada. Puede que mis planes sean buenos, pero ¡TUS PLANES siempre son mejores! ¡Gracias por no siempre darme lo que yo pienso que es lo mejor para mí!

Mi oración y mis pensamientos

Para profundizar más el estudio, lee Isaías 55:9, Salmos 37:23, Romanos 8:28.

• • ● ● ● • •

ESTOY LISTA PARA PELEAR

(PÁGINA EN EL LIBRO 97)

FECHA: ____________

Hola Dios.

¡NO PUEDO CREER que acaban de hacer eso! ¿Escuchaste lo que dijeron? ¡Están buscando una pelea con esas palabras! Puedo pensar en cinco diferentes comentarios que podría decirles para ponerlos en su lugar. Me han menospreciado suficientemente y es tiempo de que le paguen con la misma moneda…

Por otro lado, algo en mi espíritu me dice que no está bien decir eso y airarme. Yo sé que esta no sería tu manera de lidiar con la situación, pero es que ¡estoy tan ENOJADA! ¡En cierta manera ellos se la buscaron! Tú dices que no pelee de la manera que el mundo pelea; dices que mire más allá de lo físico a lo que sucede en el campo espiritual.

Bueno… en el campo espiritual, el enemigo trata de atraparme con la amargura, el orgullo, el odio y el conflicto. Esto, en realidad, no se trata de otros, ¿verdad? Si confío en mí misma, puede que me sienta bien por un momento al ponerlos en su lugar. Pero si analizo cómo TÚ respondías al conflicto…

CUANDO MIRO A JESÚS Y CÓMO ÉL RESPONDÍA AL CONFLICTO, NOTO QUE:

1. ________________________________

2. ________________________________

3. ________________________________

4. ________________________________

5. ________________________________

Tú sabías bien que tu batalla no era contra los que te traicionaron, azotaron, te mataron o te rechazaron. Tú entendías que la raíz era mucho más profunda que eso. Si me enfoco en lanzar palabras o puños, no podré ver el cuadro más grande.

Tú me llamas a pelear con armas del espíritu; a ponerme la armadura completa y a enfrentar la batalla a TU manera. ¿Cómo funciona eso? ¿Con qué me visto?

EFESIOS 6:10-18 DICE CUÁL ES LA ARMADURA DE DIOS. DE TODAS ESTAS PARTES DE LA ARMADURA, NECESITO VESTIRME MÁS DE:

1. ________________________________

2. ________________________________

3. ________________________________

4. ________________________________

5. ________________________________

Dios, rindo mi odio, amargura, y orgullo a tus pies. Te entrego esta situación –las personas con quien estoy a punto de pelear–; deposito todo esto en tus manos capaces. Tú llevas combatiendo al enemigo mucho más tiempo que yo… esta batalla te pertenece a ti. Quiero pelear a tu manera, Dios. Guíame en sabiduría para vestirme de la armadura completa y pelear VICTORIOSAMENTE contra mi verdadero enemigo.

Mi oración y mis pensamientos

Para profundizar más el estudio, lee 1 Juan 5:4-5, Efesios 6:12, Mateo 26:52 y 1 Timoteo 6:12.

• • ● ● ● • •

¿QUÉ MÁS QUIERES DE MÍ?

(PÁGINA EN EL LIBRO 101)

FECHA: ____________

Hola Dios.

Para serte sincera… ¡dar todo de mí es AGOTADOR! Justo cuando pienso que he hecho todo lo posible, me pides que de más: más sacrificio; que me niegue a mí misma más; más entrega. Pensé que me iba bien, hasta que leí tu Palabra otra vez y me redarguyó de otra área en mi vida que no he entregado completamente. ¿Llegaré algún día a lo suficiente? Siento que he mejorado, pero cuando hablo contigo, es lo mismo una y otra vez. ¿Qué más quieres de mí?

ESTAS SON ALGUNAS ÁREAS EN LAS QUE AÚN NECESITO CRECER Y MADURAR:

1. ____________________

2. ____________________

3. ____________________

4. ____________________

5. ____________________

Sería bueno llegar al punto donde ya no necesite crecer más, pero ahora que lo pienso, eso no es ser realista. Después de todo, ¿cuál es mi objetivo en todo esto? ¿Ser bendecida por ti o acercarme más a ti? Y si estás desenvolviendo tu plan en mi vida, tiene sentido que no lo pueda entender y ver como tú lo ves. *Tú ves* el final desde el principio; ¡tú sabes lo que haces!

Cada vez que pediste algo de tus hijos en la Biblia, ¡siempre les terminaste dando mucho más! A Noé le pediste años de arduo trabajo, y eso fue la salvación de tus escogidos en el diluvio. Planeaste para que José fuera traicionado, esclavizado y encarcelado, pero a través de él trajiste comida y vida para la nación de Israel. Le pediste a Jesús que pasara por tentación, enfrentara persecución, y hasta la muerte, pero su sacrificio hizo realidad la salvación eterna para todos.

ESTAS SON LAS ÁREAS EN LAS QUE HE LUCHADO Y ME HA COSTADO RENDIRME A TI, Y ESTAS SON LAS RAZONES POR QUÉ:

1. ______________________________

2. ______________________________

3. ______________________________

4. ______________________________

5. ______________________________

¿Qué quieres de mí, Dios? Ahora lo sé: ¡lo quieres todo! Y no es con la intención de agotarme o consumirme, sino ¡para completarme, purificarme y usarme para tu gloria! ¡Te entrego todo, Dios! De todos modos, ¡siempre perteneció en tus manos!

Mi oración y mis pensamientos

Para profundizar más el estudio, lee Génesis 17:7-11, Lucas 24:30 y Mateo 14:19.

ESE NO ES MI NOMBRE

(PÁGINA EN EL LIBRO 105)

FECHA: ____________

Hola Dios.

¿Quiénes se creen que son? ¡Qué agallas tienen para decirme eso! ¡Cuán equivocados están! Sus insultos y palabras condescendientes no me definen. Entonces... ¿por qué duele tanto? ¿Será que hay algo de verdad en las cosas que dicen? Quizás están en lo cierto... ¿quién o qué me define?

Tú me defines. Tú me diste nombre. Tú me creaste. Tú me diseñaste y me diste propósito. ¡Nadie más tiene la autoridad de darme un nombre, ni siquiera yo misma!

ESTAS SON ALGUNAS DE LAS MENTIRAS QUE ME HE ESTADO DICIENDO A MÍ MISMA:

1. ______________________________

2. ______________________________

3. ______________________________

4. ______________________________

5. ______________________________

¡Por medio de tu salvación, soy hecha nueva, completamente nueva! Mi pasado no me define en lo absoluto; es tu Palabra la que me define. No pondré atención a lo que el enemigo dice de mí, lo que otros dicen de mí, ni siquiera lo que yo a veces me digo a mí misma sobre mi identidad. Decido enfocarme en lo que Tú dices.

YO SÉ LO QUE DICE TU PALABRA DE MÍ Y NO ES LO QUE OTROS DICEN DE MÍ. TU PALABRA DICE QUE YO:

1. ______________________________

2. ______________________________

3. ______________________________

4. ______________________________

5. ______________________________

Padre, gracias por renovar mi mente con tu Verdad. Ayúdame a verme a mí misma, y a otros, como tú nos ves. Dame tu perspectiva –tus ojos y tus oídos– y ayúdame a cimentar mi identidad en ti hoy.

Mi oración y mis pensamientos

PARA PROFUNDIZAR MÁS EL ESTUDIO,

LEE GÉNESIS 32:28-29, ISAÍAS 49:1 Y JUAN 15:15.

• • ● ⬤ ● • •

UNA PRISIÓN MENTAL

(PÁGINA EN EL LIBRO 109)

FECHA: ____________

Hola Dios.

Me siento enredada por cadenas, aunque físicamente estoy libre. El peso de la amargura, la ira, la falta de perdón, el dolor y la confusión me sobrecargan. A veces, mis emociones me hacen sentir que estoy en un confinamiento solitario y que nadie entiende por lo que estoy pasando.

Ahora que lo pienso, tú seguramente tenías todo el derecho de sentirte así cuando estuviste aquí en la tierra. Pero no lo hiciste; no permitiste que las circunstancias y las decisiones de otros te encerraran en una prisión mental. Te sobrepusiste a todas esas cosas. ¿Cómo? Con amor.

MIRANDO LA VIDA DE JESÚS, PUEDO VER LAS TANTAS VECES QUE ÉL ESCOGIÓ AL AMOR EN VEZ DE ALBERGAR AMARGURA, IRA Y VENGANZA:

1. ____

2. ____

3. ____

4. ____

5. ____

Si verdaderamente te llamo Señor, eso significa que me conformo a tu imagen. Eso significa que escojo lo mimo que tú escoges. ¡Y tú me has dado el poder de tomar mi propia decisión! No importa cuán fuertes sean mis emociones, no determinan mis días ni mi destino. Yo tengo el poder de escoger al AMOR y de soltar toda atadura que el enemigo quiere usar para hacerme tropezar.

ESTAS SON LAS ÁREAS EN MI VIDA DONDE HE PERMITIDO QUE MIS EMOCIONES, DOLOR Y HERIDAS ME ENCADENEN:

1. ______________________________

2. ______________________________

3. ______________________________

4. ______________________________

5. ______________________________

Jesús, en este momento, te entrego estas áreas a ti. Tú entiendes perfectamente la situación que estoy atravesando y tú tienes el poder, el AMOR, para liberarme. GRACIAS por hacer un camino para que yo pudiera vivir LIBRE. Gracias porque cuando no estoy caminando en tu libertad –por la cual pagaste el precio para que yo pudiera disfrutar–, me amas tanto que me cuidas y traes convicción a mi espíritu.

¡Caminemos juntos en libertad –tú y yo– hoy! ¡Se siente tan bien tener una mente libre y caminar sin cadenas!

Mi oración y mis pensamientos

Para profundizar más el estudio, lee Efesios 4:26-27, Isaías 61:1 y Juan 10:17-18.

ESTOY LISTA PARA UN CAMBIO

(PÁGINA EN EL LIBRO 113)

FECHA: ____________

Hola Dios.

Es tan fácil aferrarme a la moda o la tendencia *más actual* con la esperanza que solucione los problemas que estoy actualmente enfrentando en mi vida. Si tan solo pudiera recibir esa promoción y tener ese cargo prestigioso… si tan solo pudiera ahorrar y comprarme ese carro lujoso… si tan solo pudiera gastar un poco de mi dinero y comprarme ese conjunto a la moda… si tan solo pudiera reorganizar mi teléfono con el sistema operativo y las aplicaciones *más recientes*…

Caigo en la trampa de pensar que todos estos cambios podrían darme la paz y un sentido de satisfacción que he estado deseando; ¡el cambio que necesito! Pero en lo profundo de mi ser, sé que no es así. Lo he probado: compré el carro; reorganicé mi vida; hice los cambios externos, pero mi interior permaneció igual.

ESTAS SON ALGUNAS COSAS EXTERNAS QUE HE PROBADO EN EL INTENTO DE PROVOCAR UN CAMBIO INTERNO:

1. ____

2. ____

3. ____________________

4. ____________________

5. ____________________

Estas cosas no son inherentemente MALAS; simplemente, no son lo que tú quieres usar para transformarme. He visto personas en los "reality shows" televisivos que persiguen las cosas materiales, pero su interior y sus relaciones permanecen cuando menos desordenadas. Lo que tú ofreces es mucho mejor… y mucho más difícil.

Tú ofreces una oportunidad de revolucionar mi manera de pensar; cambiar la manera en que busco satisfacción (pista: ¡comienza CONTIGO!); cultivar una vida en la que, en vez de perseguir tendencias es busca de paz, pueda estar contenta y segura en quién yo soy.

ESTOS SON ALGUNOS DE LOS CAMBIOS INTERNOS QUE TU ESPÍRITU ME ESTÁ SEÑALANDO; LOS CAMBIOS VERDADEROS Y DURADEROS QUE TÚ QUIERES PARA MI VIDA:

1. ____________________

2. ____________________

3. ____________________

4. ____________________

5. ____________________

Mirar vidrieras puede ser divertido, pero no me edifica ni me ayuda a crecer como tu hija. Yo quiero perseguir el VERDADERO cambio. Estoy lista para TU tipo de cambio, Dios, incluso si significa cambiar mis deseos, prioridades, mis emociones y la manera en que veo todo lo demás.

Mi oración y mis pensamientos

Para profundizar más el estudio, lee Mateo 16:16-18, Romanos 12:2 y Filipenses 3:20-21.

• • ● ⬤ ● • •

¿TENGO UNA MENTE SUCIA?

(PÁGINA EN EL LIBRO 117)

FECHA: ____________

Hola Dios.

Enserio que necesito un "desinfectante para las manos" espiritual. ¿Ya viste todo lo que hay allí fuera? Entre la televisión, las conversaciones en las tiendas, la radio, y mis compañeros de trabajo, siento que ¡necesito darme un baño con el Espíritu Santo!

Lo que más miedo da es que algunos de sus pensamientos, ideas y emociones espiritualmente impuras han comenzado a infiltrase en mi subconsciente. Yo he visto lo que esos patrones de pensamiento son capaces de hacer: me descarrilan y desvían mi propósito y me distraen de lo que tú tienes para mí.

TENGO QUE ADMITIR QUE ESTAS ÁREAS DE PENSAMIENTOS IMPUROS SE HAN INFILTRADO EN MI VIDA Y HAN AFECTADO MIS RELACIONES:

1. ____________________

2. ____________________

3. ____________________

4. ____________________

5. ____________________

¡No quiero ser inestable en todo lo que hago! Santiago dice que eso es ser como un hombre que se mira en el espejo y luego inmediatamente se olvida su reflejo –¡eso sí que es amnesia espiritual!–. ¿Cómo voltear este proceso? Bueno, ¿conoces el dicho: "basura que entra sale"? Parece que necesito hacer algunos ajustes a mi dieta espiritual. He estado consumiendo basura y ¡es hora de consumir COSAS BUENAS!

MIRANDO LA LISTA DE ARRIBA, ESTO ES LO QUE TU PALABRA DICE SOBRE CADA UNA DE LAS ÁREAS EN LAS QUE LUCHO:

1. ______________________________

2. ______________________________

3. ______________________________

4. ______________________________

5. ______________________________

Es hora de desintoxicar —hacer una limpieza— en mi mente y corazón. ¡Esto va a ser tan bueno para mí, Dios! Refréscame y purifícame con tu maravillosa Palabra. Corrige mi manera de pensar y libérame de toda incomodidad. Ayúdame a estar EN el mundo sin ser DEL mundo. ¡Solamente puedo lograrlo con tu ayuda! ¡Gracias por limpiarme!

Mi oración y mis pensamientos

Para profundizar más el estudio, lee Santiago 1:6-8, Santiago 4:8 y 1 Corintios 2:16.

EL HOMBRE DE LAS RESPUESTAS

(PÁGINA EN EL LIBRO 121)

FECHA: ____________

Hola Dios.

¡La tengo! ¡Tengo la respuesta! ¡Escógeme a mí!

Tantas personas están luchando con cosas que para mí son TAN OBVIAS (ahora que lo pienso, probablemente ese sea el caso también del lado opuesto). Sin darme cuenta, estoy avanzando como una topadora, con la solución en mis manos. Pero siempre termina diferente a cómo lo imaginé o planifiqué.

¿Por qué? La respuesta es obvia: no consulto contigo. Uno pensaría que, teniendo acceso al Dios Omnisciente y Todopoderoso, buscaría un poco de tu discernimiento… pero NO, no lo hago.

ESTOS SON ALGUNOS DE LOS PROBLEMAS QUE HE TRATADO DE RESOLVER EN MIS PROPIAS FUERZAS Y ENTENDIMIENTO, EN VEZ DE ACUDIR A TI:

1. ____________________

2. ____________________

3. ____________________

4. ______________________________

5. ______________________________

Sin ti, termino siempre arruinándolo todo. Mi intención es ayudar, pero al final del día, tengo que admitir que no tengo ni idea de lo que estoy haciendo. ¡Pero tú sí! Necesito que seas el director de mi comité de planificación. Necesito que firmes y apruebes todo lo que hago. De hecho, necesito que formules un plan de ataque –porque seamos honestos: ambos hemos visto mi estrategia y la verdad que está incompleta–.

EN ESTE MOMENTO, TE ENTREGO LAS ÁREAS MENCIONADAS ARRIBA, Y BUSCO TU SABIDURÍA. ESTAS SON LAS MANERAS PRÁCTICAS EN LAS QUE VOY A CORRER A TI PRIMERO CADA DÍA:

1. ______________________________

2. ______________________________

3. ______________________________

4. ______________________________

5. ______________________________

Reconozco que no puedo arreglar los problemas de otros por mi propia cuenta. Ni siquiera soy capaz de arreglar MIS PROPIOS problemas. Esta operación te necesita a ti en el volante, de lo contrario, no llegaré muy lejos. Guíame, Señor. Enséñame. Dirige mis pasos. ¡Ayúdame a crecer y hazme más como tú!

Mi oración y mis pensamientos

Para profundizar más el estudio, lee Salmos 32:8, Salmos 46:10 y 1 Pedro 5:7.

UN ALTO CARGO

(PÁGINA EN EL LIBRO 125)

FECHA: ____________

Hola Dios.

Es divertido ver a los famosos, políticos, y personas en cargos de poder ejercer su influencia. A veces, me imagino cómo sería tener ese nivel de poder. ¿Qué haría yo en la oficina presidencial? ¿Qué haría en la sección de noticias? ¿Qué haría cómo empresaria? Imagínate eso: ¡que otras personas te traigan café CUANDO QUIERAS!

Sin embargo, cuando doy un paso hacia atrás, sé y entiendo que el liderazgo es mucho más que simplemente dar órdenes. Tú tienes más para mí que un alto cargo de poder en esta tierra. Tú deseas desarrollarme como un líder que se asemeje a ti. Tú no abusas del poder; tú empoderas a otros. Tú no menosprecias a otros; los aprecias. Tú no exiges servicio; sirves incluso a quienes no lo merecen.

TU ESTILO DE LIDERAZGO ES TAN DIFERENTE AL DEL MUNDO. ES DIFERENTE PORQUE:

1. ____________________

2. ____________________

3. ____________________

4. ____

5. ____

Mi liderazgo comienza con mi entrega y sumisión. Si no puedo ser liderada por ti, ¿cómo podrías confiarme poder? Si no sé cómo confiar en tu tiempo y tu promoción, ¿cómo sería capaz de preservar el cargo de poder que tanto deseo? Me estás preparando para aquello que tú tienes preparado para mí (porque Dios sabe que aún no estoy lista). ¡No es mi cargo lo que me empodera y me habilita sino; eres tú! ¡Es entregarme y rendirme ante ti!

ME ENTREGO A TI. ME RINDO POR COMPLETO; ME ENTREGO A TU VOLUNTAD Y TUS TIEMPOS. ESTAS SON ALGUNAS IDEAS Y ESTRATEGIAS PROPIAS QUE HOY DECIDO CAMBIAR POR TU VERDAD:

1. ____

2. ____

3. ____

4. ____

5. ____

Gracias por reorientar mi manera de pensar. Gracias por ser el mejor líder que jamás he conocido y por ayudarme a crecer en MI liderazgo. Gracias por ver mi potencial y ayudarme a realizarlo. En vez de fijar mi mirada en cargos de poder terrenal, ¡pongo mi atención en el Dios Todopoderoso! ¡Ayúdame a crecer en tu camino, Señor!

Mi oración y mis pensamientos

Para profundizar más el estudio, lee 1 Pedro 5:6-7, Lucas 14:11, Miqueas 6:8 y Santiago 4:6.

EL PASEO POR EL DESIERTO

(PÁGINA EN EL LIBRO 129)

FECHA: ______________

Hola Dios.

Cuando haces un viaje en auto, ¿viste esos lugares donde no hay ABOLUTAMENTE NADA –ni siquiera árboles ni vacas; solamente tierra–? Así me siento espiritualmente en este momento. Es un poco confuso porque tú y yo hemos estado caminando juntos. He estado escuchando tu voz. ¿Nos perdimos? No. Yo entiendo que muchas veces guías a tus hijos a lugares y cosas que nos transforman para llegar a ser más como tú. Yo sé que este desierto que atravieso tiene un propósito. De hecho, sé que en el pasado he atravesado terrenos similares.

ESTOS SON DESIERTOS QUE TUVE QUE CRUZAR EN EL PASADO, ANTES DE LLEGAR A LO PROMETIDO:

1. ______________________________

2. ______________________________

3. ______________________________

4. ______________________________

5. ______________________________

En mis ojos, el desierto pareciera ser un desvío infructuoso, pero para ti, es un terreno familiar. Tu pueblo, los Israelitas, caminaron por el desierto de camino a la Tierra Prometida. Jesús también pasó cuarenta días en el desierto antes de comenzar su ministerio. Sí Jesús tuvo que pasar por el desierto, ¿quién soy yo para exigir ser exenta? El propósito del desierto no es desalentarme sino demostrar la fuerza, la fe y la obediencia que has estado desarrollando en mí. Las cosas que he de contemplar no son las exteriores sino las que has estado haciendo en mi interior.

A MEDIDA QUE JUNTOS CRUZAMOS ESTE TERRENO ÁRIDO Y VACÍO, PUEDO COMENZAR A VER CÓMO ESTÁS DESARROLLANDO LAS SIGUIENTES ÁREAS EN MI VIDA:

1. ______________________________

2. ______________________________

3. ______________________________

4. ______________________________

5. ______________________________

Puede que el desierto no sea divertido, pero sí produce cambios fundamentales –me ayuda a enfocarme en ti (porque si somos honestos, no hay mucho que mirar en un terreno árido)–; nos acerca; alinea mi corazón y mente con tu verdad. ¿Qué más puedo pedir de camino a lo que tú tienes preparado para mí?

Mi oración y mis pensamientos

Para profundizar más el estudio, lee Isaías 58:11, Nehemías 9:19 y Nehemías 9:21.

• • ● ● ● • •

SIEMPRE HE QUERIDO TENER UN MEJOR AMIGO

(PÁGINA EN EL LIBRO 133)

FECHA: ____________

Hola Dios.

A veces, las amistades terrenales pueden ser complicadas. Lo cómico es que a veces me confío más en mis amigos que en ti. ¿Por qué será? Tú siempre has estado de mi lado. Siempre has sido un lugar seguro donde puedo volcar mis verdaderos pensamientos y sentimientos. Nunca me has traicionado, nunca me has lastimado, ni has murmurado sobre mí. Sin embargo, no puedo decir lo mismo de mis amigos terrenales.

ÚLTIMAMENTE ME HA COSTADO ACERCARME A TI Y ABRIRTE MI CORAZÓN PORQUE:

1. ____

2. ____

3. ____

4. ____

5. ____

A veces me percato de que hay cosas que te escondo, me resisto o te esquivo… a veces hasta evito por completo pasar tiempo contigo. Como si pensara que no te enterarás si no te lo cuento. Pero tú me conoces mejor que nadie. ¡Me conoces mejor que yo a mí misma!

Perdón por esconderme. Perdón por no confiar en ti ciegamente. Siempre te has demostrado confiable. Es tu amistad la que busco en todas estas amistades terrenales, cuando en realidad, lo que siempre he anhelado siempre ha estado aquí.

ESTOY LISTA PARA ABRIRTE MI CORAZÓN, DIOS. ESTOY LISTA PARA CONFIARTE ESTAS COSAS QUE POR MUCHO TIEMPO HE GUARDADO Y ESCONDIDO EN MI CORAZÓN:

1. ____

2. ____

3. ____

4. ____

5. ____

¡Muchas, muchas gracias por ser mi lugar seguro! ¡Gracias por ser mi mejor amigo! A medida que confío en ti, ayúdame a ser un lugar seguro para otros que lo necesitan. ¡Ayúdame a demostrarles el tipo de amor y amistad incondicional que tú ofreces!

Mi oración y mis pensamientos

PARA PROFUNDIZAR MÁS EL ESTUDIO, LEE JEREMÍAS 1:5, SALMOS 3:3 Y JUAN 15:13-15.

ANTES DE TIEMPO

(PÁGINA EN EL LIBRO 137)

FECHA: ____________

Hola Dios.

Estoy pensando en esos campos de maíz que para el otoño crean un laberinto y cuando entras y te pierdes adentro, hay una persona sentada en una torre alta que puede ver el laberinto entero. Si levantas tus brazos y los mueves para llamar su atención, la persona puede dirigirte hacia la salida.

Últimamente, siento que he estado ignorando tu sabiduría y tu dirección. Aunque tu punto de vista es mucho más grande que el mío –y tu perspectiva y sabiduría son más completas– me detengo antes de llegar a mi destino. Veo una curva que se avecina en el laberinto y pienso, "¡Sé lo que hago! ¡No necesito que me den direcciones! ¡Yo puedo!".

¿Puedes adivinar cómo termina eso? Exactamente como tú sabías que terminaría. Siempre termino dando la vuelta, frustrada, confundida y agotada. Todos aquí abajo tienen el mismo punto de vista que yo. Su consejo pareciera ser de ayuda, pero al final, no se compara al tuyo.

HE ESTADO BUSCANDO CONSEJOS DE OTROS, PERO SE QUEDAN CORTOS. LA SABIDURÍA TERRENAL NO SE COMPARA A LA TUYA EN QUE...

1. ______________________________

2. ______________________________

3. ______________________________

4. ______________________________

5. ______________________________

Necesito que eleves mi perspectiva. En el libro de Apocalipsis, le dices a Juan "Sube aquí" para mostrarle lo que acontecerá. Cambias su punto de vista y luego le muestras lo que tienes preparado. ¡Necesito que hagas lo mismo conmigo!

¡TU PERSPECTIVA ES MUCHO MÁS SABIA! VERDADERAMENTE NECESITO TU CONSEJO EN ESTAS ÁREAS DE MI VIDA:

1. ______________________________

2. ______________________________

3. ______________________________

4. ______________________________

5. ______________________________

¡Gracias por saberlo todo! Gracias por tener todas las respuestas. Te entrego este laberinto que es mi vida; muéstrame en qué dirección debo ir. ¡Te seguiré y no me detendré hasta que tú digas!

Mi oración y mis pensamientos

PARA PROFUNDIZAR MÁS EL ESTUDIO, LEE ISAÍAS 55:8-9, 2 CORINTIOS 5:7, ISAÍAS 40:26.

• • ● ⬤ ● • •

NECESITO UNA MAMÁ OSA

(PÁGINA EN EL LIBRO 141)

FECHA: ____________

Hola Dios.

¡Necesito protección ahora mismo! Necesito que tu mano me guíe, me proteja y me moldee. Eres el mejor Padre que pudiera pedir –eres más celoso que una madre osa–. Pero esa protección significa que muchas veces me guiar*ás* en maneras que no siempre me gustarán.

Es cómico que podemos esperar o aceptar cuando nuestros padres terrenales dicen "no", pero cuando tú dices "no", nos alteramos. "¿Significa esto que no me amas, Señor? ¿Por qué insistes en que deje pasar esta oportunidad?". Pensamos así, cuando en realidad, simplemente lo haces por nuestro bien. Me estás cuidando, como lo has hecho tantas veces en el pasado.

MIRANDO ATRÁS, A LO LARGO DE MI VIDA, PUEDO TESTIFICAR DE LAS MUCHAS VECES QUE ME EQUIVOQUÉ, PERO TÚ ESTABAS ALLÍ PARA PROTEGERME EN EL MOMENTO PRECISO:

1. ____

2. ____

3. ____________________

4. ____________________

5. ____________________

No debo sentirme cuando dices "no". Después de todo, ¡te pedí que hicieras tu voluntad! Cuando nuestros planes no coinciden, tu plan tiene prioridad. Tu plan es mi prioridad… incluso cuando ese plan no incluye algo o a alguien que yo seriamente quiero. ¡¿Por qué he de pensar que tú harías que me pierda de lo mejor?! La clave es que tú me estás guiando a lo que tú sabes que es lo MEJOR para mí… y es allí donde yo exactamente quiero estar.

ME ENTREGO A TU PLAN EN LAS SIGUIENTES ÁREAS DE MI VIDA –INCLUSO SI ESE PLAN SIGNIFICA UN "NO":

1. ____________________

2. ____________________

3. ____________________

4. ____________________

5. ____________________

Gracias por protegerme –por CUIDARME y alejarme del peligro–, por aguantar mi actitud y mis preguntas. Gracias por ser mi protector, mi mamá osa. Te sigo, a medida que cruzamos este terreno salvaje, porque sé que tú sabes qué es lo mejor para mí.

Mi oración y mis pensamientos

Para profundizar más el estudio, lee 1 Corintios 13:7, Proverbios 3:12, Juan 10:28-30 y Salmos 91:1-2.

ESTÁ MUY APRETADO

(PÁGINA EN EL LIBRO 145)

FECHA: ____________

Hola Dios.

Cuando me siento atada y oprimida es cuando más necesito tu paz. Necesito que me recuerdes y asegures que el trabajo que estás haciendo en mí vale la pena; que la manera en que me siento en este momento –aislada y encerrada– no será permanente; que tienes un plan maestro para mi vida. Reflexionando en el pasado, y en tu Palabra, puedo ver varias ocasiones en las que una temporada difícil abrió el camino para una victoria rotunda.

ESTAS SON ALGUNAS DE LAS PERSONAS DE LA BIBLIA QUE TUVIERON QUE PASAR TEMPORADAS DE PREPARACIÓN:

1. ____________________

2. ____________________

3. ____________________

4. ____________________

5. ____________________

La preparación no es una maldición; es tu manera de asegurar que estemos listos para lo que tienes preparado para nosotros. Si alguien ayuda a que una oruga salga de su capullo, no podrá volar adecuadamente y hasta puede morir. ¿Por qué? Porque la diseñaste de manera que tuviera que salir de su capullo sola y desarrollar la fuerza que necesita.

Al igual que la mariposa es fuerte gracias a su capullo, tú sabes que seré desarrollada y creceré en ti a medida que atravieso esta temporada de estiramiento, crecimiento y cambios. Hay características y frutos del espíritu que tú específicamente quieres desarrollar en mí y que únicamente pueden darse de esta manera.

PUEDO VERTE OBRANDO EN MÍ PARA PRODUCIR LAS SIGUIENTES COSAS EN ESTA TEMPORADA DE PREPARACIÓN EN MI VIDA:

1. ____________________________

2. ____________________________

3. ____________________________

4. ____________________________

5. ____________________________

¡Eres tan bueno conmigo, Dios! Aun cuando no entiendo o no sé apreciar lo que estás haciendo, obras todas las cosas para mi bien –con el fin de acercarme más a ti y ayudarme a ser más como tú–. Vale la pena tener que atravesar espacios ajustados e incómodos. Con tu ayuda y en tu tiempo, llegaré a ser más fuerte que nunca antes. ¡Podré volar!

Mi oración y mis pensamientos

Para profundizar más el estudio, lee Jeremías 29;11, Romanos 8:28 y Salmos 119:45.

HACIENDO MALABARISMOS

(PÁGINA EN EL LIBRO 149)

FECHA: ____________

Hola Dios.

¡Uy! Se me cayó otra bola. Bueno, esta vez creo que la tengo… ¡Uy! ¡Vaya! El malabarismo es más difícil de lo que pensaba. Si tan solo pudiera mantener el resto de las bolas en el aire. Y…otra más se cayó.

¿Cómo hace la gente esto? ¿Cómo equilibran todas las responsabilidades de la vida y permanecen CUERDOS? A pesar de que estoy al borde de la locura, sigo asumiendo más responsabilidades. Esa no puede ser la paz que tú deseas para mi vida. Por alguna razón supongo que mi trabajo es hacer malabarismos, levantar las bolas que se han caído, y agregar otras, todo al mismo tiempo. Pero tú me has mostrado que existe un mejor camino.

ESTAS SON ALGUNAS COSAS QUE ME HAS PEDIDO QUE SUELTE –ALGUNAS POR UNA TEMPORADA Y OTRAS PARA SIEMPRE–:

1. ____________________

2. ____________________

3. ____________________

4. ____________________

5. ______________________________

Resulta que necesito tiempo para cosas absurdas, como tiempo para pensar, tiempo para relajarme, y tiempo para hablar contigo. Qué absurdo, ¿verdad? Parece que no diseñaste a los humanos para que lo hicieran todo. Y lo hiciste así por una buena razón: ¡es TU trabajo! ¿Por qué supuse que era el mío? ¿Por qué estaba tratando de jugar tu papel?

Quizás es orgullo; o egoísmo; o que estoy buscando aceptación y amor a través de lo que hago. ¡Pero tú ya me aceptaste y me salvaste! ¡Es imposible amarme más de lo que ya me amas! Ayúdame a darle prioridad a mi vida para que pueda vivir fundamentada en la seguridad –en vez de tratar de GANÁRMELA–. Suelto las cosas en la lista de arriba y te las entrego. Sé que tú las administrarás mejor que yo.

EN ESTA TEMPORADA DE MI VIDA, ME ENFOCARÉ EN – ESTAS COSAS QUE TÚ ME HAS PEDIDO QUE EQUILIBRE Y SEAN MIS PRIORIDADES–:

1. ______________________________

2. ______________________________

3. ______________________________

4. ______________________________

5. ______________________________

Gracias por recordarme cuál es mi propósito –a lo que tú me has llamado y a lo que NO ME HAS LLAMADO–. Ayúdame a darte el control cada día y a entregarte las coas que no pertenecen en mis manos. ¡Vaya… esto es mucho más liviano!

Mi oración y mis pensamientos

Para profundizar más el estudio, lee Salmos 55:22, 2 Corintios 4:16 y Isaías 41:10.

EL QUE ARREGLA TODO

(PÁGINA EN EL LIBRO 153)

FECHA: ____________

Hola Dios.

Es agotador… tener que restaurar relaciones rotas, arreglar las bombillas y ordenar todo en mi vida. Pero, ¿a caso no es eso lo que quieres que yo haga? He estado corriendo en círculos, volviéndome loca en el intento de mantener mi hogar, crear un buen ambiente, crear una vida que sea suficientemente buena… una vida que de la cual te sientas orgulloso de mí.

Pero al final del día, termino preguntándome si esta vida loca e intensa es lo que verdaderamente quieres de mí. Las bombillas se siguen quemando y yo también me siento quemada. Tiene que haber otra manera.

Cuando miro la vida de Jesús, observo algo diferente a mi vida frenética y apresurada. Es verdad que Jesús estaba increíblemente ocupado. Pero siempre tenía tiempo para descansar; tiempo para pasar contigo; tiempo para dormirse una SIESTA (¡Como me gustaría tomarme una siesta!).

JESÚS SABÍA CUÁL ERA LA DIFERENCIA ENTRE BRINDARLE A LA GENTE LA VERDAD VERSUS ARREGLAR CADA PROBLEMA EN SUS VIDAS. AL MIRAR SU VIDA EN LOS EVANGELIOS, ESTOS SON ALGUNOS DE LOS LUGARES DONDE VEO A JESÚS CREAR ESPACIO (UN MARGEN),

EMPODERAR A OTROS PARA QUE PUDIERAN ARREGLAR SUS PROPIOS PROBLEMAS Y DAR UN PASO ATRÁS:

1. ____

2. ____

3. ____

4. ____

5. ____

Resulta que, yo no soy Dios, no soy la persona que ha de arreglar los problemas de todos. Honestamente, incluso abordar todos mis problemas sería demasiado para mí. ¿Será que no me diseñaste para cargar todo este peso? ¿Ni ser la persona con todas las soluciones? ¿Será que quieres que te señale a ti, para que todos corran a ti, el que lo arregla todo? ¡Sí! ¡Creo que finalmente entiendo!

ESTOS SON LOS PROBLEMAS DE OTRAS PERSONAS QUE HE ESTADO CARGANDO, PERO QUE HOY TE ENTREGO. NUNCA FUE MI LUGAR SOLUCIONARLOS Y EN ESTE MOMENTO LOS SUELTO:

1. ____

2. ____

3. ____

4. ____

5. ____

Es posible ayudar a otros sin ser la solución; es posible hablar vida en las vidas de otras personas sin decirles qué hacer constantemente. Eres TÚ a quién necesitan. Y eres tú a quién yo necesito en mi propia vida. Gracias por ser el que lo arregla todo y por nunca cansarte. Ahora… ¿me podrías ayudar con esa bombilla quemada?

Mi oración y mis pensamientos

PARA PROFUNDIZAR MÁS EL ESTUDIO, LEE SALMOS 89:15, JUAN 16:33 Y NAHÚM 1:7-8.

¿AHORA SÍ ME PUEDES OÍR?

(PÁGINA EN EL LIBRO 157)

FECHA: ____________

Hola Dios.

Creo que tengo mala recepción. Siento como si mis oraciones se elevan diez pies y luego caen a mis pies. ¿Me puedes oír? ¿Ahora sí me puedes oír?

Tu nombre es mucho más poderoso que cualquier servicio telefónico. Sin importar cómo me sienta, sé que me escuchas cuando te llamo. Tu Palabra promete que nunca me dejarás. También dice que, al mencionar tu nombre, ¡todo en el reino del enemigo tiene que someterse! ¡Eres tan poderoso! ¡Y yo tengo acceso a ti en todo tiempo! ¡Eso es alucinante!

ESTAS SON ALGUNAS PARTES EN LA BIBLIA, TU PALABRA, DONDE SE HABLA SOBRE EL PODER DE TU NOMBRE Y EL PODER DE MENCIONARLO Y CLAMAR A TU NOMBRE:

1. ____________________

2. ____________________

3. ____________________

4. ____________________

5. ____________________

¡Por supuesto que puedes oírme! Siempre puedes oírme. De hecho, siempre estás esperando que yo me acerque a ti con mi necesidad. El nombre de Jesús tiene todo lo que yo deseo: paz, plenitud, dirección, amor, seguridad, paciencia… ¡todo puede ser hallado en ti! En este momento necesito tu vida. Necesito tu carácter. Hazme más como tú. ¡Moldéame a tu imagen, por el poder de tu amor!

QUIERO SER MÁS COMO TÚ Y PARA QUE ESO SUCEDA, SÉ QUE NECESITO INVOCAR TU NOMBRE. QUIERO SER MÁS COMO JESÚS EN:

1. ______________________________

2. ______________________________

3. ______________________________

4. ______________________________

5. ______________________________

¡Gracias porque tu nombre es sobre todo nombre! Gracias por ser Todopoderoso. Gracias por ser total y completamente accesible para mí. Es un privilegio por el cual no te puedo agradecer lo suficiente. Sé que ahora sí me puedes escuchar y yo también estoy escuchando atentamente a tu voz y estoy pendiente a lo que vas a decir a continuación.

Mi oración y mis pensamientos

Para profundizar más el estudio, lee Filipenses 2:9-10, Lucas 10:17, Romanos 10:13 y 1 Corintios 6:11.

NECESITO SER UNA INTRUSA

(PÁGINA EN EL LIBRO 161)

FECHA: ____________

Hola Dios.

¿Alguna vez te has preguntado por qué nuestra sociedad se enfoca tanto en responsabilizarse de las cosas que salen bien? Si pierdo peso es porque "¡yo lo hice!". Si recibo una promoción en el trabajo, es gracias a mi desempeño. Si mi relación avanza al próximo nivel, tiene que ser porque soy una pareja MARAVILLOSA. Es como si nuestro valor fuese determinado por cuán exitosos somos.

Y eso funciona por un tiempo, hasta que nos tropezamos con algo en el camino que perjudica nuestra identidad. Tiene que haber una mejor perspectiva de las luchas y victorias. ¿En qué momento pasó a ser aceptable que no te de la gloria a ti en cada *éxito?*

SÉ QUE HAY VICTORIAS Y ÉXITOS EN MI PASADO QUE TE LOS DEBO A TI -GRACIAS A QUE TÚ ESTABAS TRABAJANDO EN MÍ Y A TRAVÉS DE MÍ-, COMO...

1. ____________________

2. ____________________

3. ____________________

4. ______________________________

5. ______________________________

Reducir la velocidad para tomarme el tiempo de agradecerte no significa que me voy a perder alguna oportunidad –de hecho, es poder saborear cada cosa en mi vida, desde la promoción hasta el sándwich que desayuné hoy–. Desde los éxitos hasta las bendiciones, cada una de las cosas buenas que tengo es gracias a ti. Juan el Bautista dijo en el libro de Juan que no hay nada bueno que podamos recibir, a menos que venga del cielo, ¡de ti!

EN ESTE MOMENTO, QUIERO HACER UNA PAUSA Y AGRADECERTE POR CADA ÉXITO Y BENDICIÓN QUE ACTUALMENTE DISFRUTO EN MI VIDA:

1. ______________________________

2. ______________________________

3. ______________________________

4. ______________________________

5. ______________________________

¡Vaya! Eso verdaderamente cambia mi perspectiva. Fácilmente me enredo en el negativismo, en el hecho de que las cosas no se dan o los procesos que hay pasar en la vida. Pero has hecho tanto por lo cual debo estar agradecida. Gracias, Dios, por esta oportunidad de mirar atrás y poder reflexionar en todo lo que has hecho. ¡Eres verdaderamente increíble! Y nunca quiero perder eso de vista; con tu ayuda, sé que no lo haré.

Mi oración y mis pensamientos

PARA PROFUNDIZAR MÁS EL ESTUDIO, LEE SALMOS 66:5, ISAÍAS 41:20 Y SALMOS 77:11.

SUEÑOS

(PÁGINA EN EL LIBRO 165)

FECHA: ___________

Hola Dios.

¿Ves eso? ¿Puedes ver lo que esto podría llegar a ser? ¡Por supuesto que lo ves; fuiste tú quien me dio este sueño! Es divertido pensar en lo que podría ser; en lo que SERÁ. Tengo fe en lo que me dijiste. ¡Me emociona ver cómo lo harás! Lo más difícil es preservar mi emoción mientras mil opiniones me rodean. Yo sé que tu opinión es más importante que cualquier otra. Sé que tu aprobación es la única que importa. Pero aún así, es difícil cuando otras personas mencionan todas las razones por las cuales no funcionaría.

ESTAS SON ALGUNAS DE LAS MENTIRAS Y DUDAS QUE ESCUCHO AL ENEMIGO (Y A OTRAS PERSONAS) DECIR SOBRE AL SUEÑO QUE TÚ ME DISTE:

1. ___________

2. ___________

3. ___________

4. ___________

5. ____

Me ayuda identificar las voces que he estado escuchando; ahora puedo reemplazarlas con tu verdad. Tú estás de mi lado; tus planes para mí son de bien; desde antes de la creación, me pensaste y me hiciste con propósito.

ESTO ES LO QUE TU PALABRA DICE SOBRE LOS SUEÑOS Y PLANES QUE DEPOSITASTE EN MI CORAZÓN:

1. ____

2. ____

3. ____

4. ____

5. ____

Es alentador saberlo porque significa que no hay presión de que yo haga que las cosas funcionen. No necesito comprobarle a nadie, ni siquiera a mí misma, que esto es posible. ¡Tú ya lo dijiste! ¡Ya hiciste un camino! Caminas a mi lado y no veo la hora de ver el camino que has abierto. ¡Hagamos esto!

Mi oración y mis pensamientos

Para profundizar más el estudio, lee Salmos 37:4, Jeremías 1:5 y Salmos 37:23.

ME SIENTO PERDIDA

(PÁGINA EN EL LIBRO 169)

FECHA: ___________

Hola Dios.

¡Estoy cansada, agotada y enojada... y ni siquiera entiendo bien por qué! Me siento sin rumbo. He probado 1,001 diferentes maneras de solucionar el problema... he intentado escuchar tu voz y andar en tu camino... pero una y otra vez, fracaso. Me quedo atrás; me dejo estar. ¡Y ahora estoy perdida! No sé qué hacer ni sé si tengo la fuerza para levantarme y volver a intentar. Necesito tu ayuda... ¡VERDADERAMENTE necesito tu ayuda!

Tú me recuerdas que el peso de vivir una vida perfecta no cae sobre mis hombros; que tú estás aquí para ayudarme, cambiarme, y hacerme más como tú. Eso es lo que precisamente necesito. Sospecho que mi agotamiento y frustración tienen mucho que ver con la amargura y la ira –contra otros y conmigo misma– que he estado escondiendo. No importa qué haga diferente, la tensión sigue allí.

ESTOS SON LOS PENSAMIENTOS, SENTIMIENTOS Y ACCIONES QUE PREVIENEN QUE PUEDA EXPERIMENTAR LA PAZ Y LA PRODUCTIVIDAD QUE TÚ QUIERES PARA MÍ:

1. ____

2. ____

3. ______________________________

4. ______________________________

5. ______________________________

Es imposible fabricar la luz por mi propia cuenta. No puedo encontrar el camino sola. Únicamente TÚ puedes hacerlo. Tú eres luz. Eres mi rumbo. Tú me guías a dónde debo ir, qué debo hacer, y qué debo DEJAR de hacer. En este momento, necesito que tu Espíritu Santo, poderoso e íntimo, sea mi guía. ¡Estoy al límite de mi paciencia y no puedo dar otro paso sin ti!

YO SÉ QUE TU PALABRA DESCRIBE TODO LO QUE PROVEES A TUS HIJOS. ESTAS SON ALGUNAS DE LAS COSAS QUE NECESITO DE TI EN ESTE MOMENTO, COSAS QUE NO PUEDO FABRICAR POR MI PROPIA CUENTA:

1. ______________________________

2. ______________________________

3. ______________________________

4. ______________________________

5. ______________________________

Hoy decido soltar todo aquello que me sujeta y no me permite avanzar; suelto mi necesidad de encontrar el camino por mi propia cuenta. Me aferro a tu Palabra, la Verdad. Sé que tus planes son mejores. Sé que puedo descansar en tu salvación y en mi identidad como hija tuya. Soy libre para vivir en amor y tomar el próximo paso, porque ¡es con tu poder, no el mío!

Mi oración y mis pensamientos

Para profundizar más el estudio, lee 1 Juan 2:9, 1 Juan 2:11, Salmos 119:105 y 1 Juan 1:6-7.

SI TE QUEJAS TE QUEDAS

(PÁGINA EN EL LIBRO 173)

FECHA: ____________

Hola Dios.

¡El tráfico estuvo horrible hoy! Luego mi amiga me dijo algo hiriente; no puedo olvidarlo. Por otro lado, se equivocaron con mi orden de café, mi jefe actuó totalmente irrazonable… ¿Puedo tomarme un respiro?

Ahora que lo pienso, tengo muchas cosas que otras personas desean o sueñan tener –por ejemplo: un trabajo, dinero para comprar café, una amiga de confianza, un carro, ropa limpia, un techo sobre mi cabeza, comida caliente, medicina, provisiones–.

¡Vaya! ¡Cuán bendecida soy! Hay tantas cosas que he dado por sentadas. ¿Cómo es posible que me enfoque en las cosas que no tengo, o las cosas que PIENSO QUE necesito, cuando me has dado tanto y has sido tan bueno?

ESTAS SON LAS BENDICIONES QUE HE DADO POR HECHAS Y NO TE HE AGRADECIDO POR ELLAS LO SUFICIENTE:

1. ______________________________

2. ______________________________

3. ____________________

4. ____________________

5. ____________________

Perdóname por dar tu bondad por sentada. Perdóname que me enfoco más en lo que me falta (o pienso que me falta) que en lo que me has dado. ¡Mi copa verdaderamente se desborda con lo mucho que me has bendecido! Tantas veces me has protegido, me has perdonado, y me has cubierto con tu gracia. Sin ti, sé que estaría en otro lugar, muy DIFERENTE a donde estoy hoy.

SIN TI, SEÑOR, NUNCA HABRÍA APRENDIDO, EXPERIMENTADO Y CRECIDO EN LAS SIGUIENTES ÁREAS:

1. ____________________

2. ____________________

3. ____________________

4. ____________________

5. ____________________

¡No hay excusas para quejarme, cuando tú has sido tan bueno conmigo! Voy a empezar a enfocarme en tus bendiciones; ¡voy a enfocarme en ti! Eso le pondrá fin a toda queja, y de mi boca saldrán palabras de agradecimiento y alabanza.

Mi oración y mis pensamientos

Para profundizar más el estudio, lee 1 Tesalonicenses 5:18, 1 Corintios 10:10, Salmos 118:24.

¿ES QUE NADIE ME VE?

(PÁGINA EN EL LIBRO 177)

FECHA: ____________

Hola Dios.

¿Por qué me siento como que la gente no me ve? Llegan tarde a nuestras reuniones para luego monopolizar la conversación con sus problemas. ¡Nadie parece estar disponible para ayudar cuando los necesito! Pensé que para esta altura habría llegado mucho más lejos. ¿Se han olvidado todos de mí?

En tu Palabra, hay muchas ocasiones en las que personas tuvieron que esperar. Y no fue por falta de interés de tu parte o que a otros no les importara, sino porque tú estabas preparando algo mejor. Ahora que lo pienso, has hecho lo mismo en vida.

EN EL PASADO, MUCHAS VECES TUVE QUE ESPERAR POR TU PLAN MAESTRO PARA MI VIDA, INCLUSO CUANDO ME SENTÍA PASADA POR ALTO O IGNORADA. RECUERDO CUANDO...

1. ______________________________

2. ______________________________

3. ______________________________

4. ______________________________

5. ______________________________

Tu tiempo SIEMPRE es mejor. Y NUNCA me dejas invisible para siempre. Has puesto personas en mi vida que me apoyen, alienten y me eleven. Y aunque no sean perfectas, tengo más de que lo merezco. Estoy cambiando mi actitud, Dios. Estoy esperando en ti y sé, con toda confianza, que cuidarás de mí.

ESTAS SON LAS DUDAS, PREOCUPACIONES Y FRUSTRACIONES QUE QUIERO ENTREGARTE EN ESTA TEMPORADA DE MI VIDA, MIENTRAS ESPERO PACIENTEMENTE QUE TU PLAN SE DESENVUELVA:

1. ______________________________

2. ______________________________

3. ______________________________

4. ______________________________

5. ______________________________

¡Verdaderamente me ves y me conoces más que nadie! ¡Es un regalo precioso! Quizás el propósito de esta temporada de mi vida es reenfocar mi corazón y mi mente en ti, ¡el único que me entiende y puede completarme! ¡Gracias por acercarme más a ti!

Mi oración y mis pensamientos

PARA PROFUNDIZAR MÁS EL ESTUDIO, LEE 1 SAMUEL 1:11, 1 SAMUEL 1:17, 1 SAMUEL 16:11, Y 2 CRÓNICAS 16:9.

UN ANCLA NO DESEADA

(PÁGINA EN EL LIBRO 181)

FECHA: ____________

Hola Dios.

A veces es difícil identificar qué es lo que me retiene. Yo sé que tú lo puedes ver bien; tú lo sabes. Tú quieres liberarme de ello. Pero justo cuando creo haber abordado el problema, tomo impulso y corro solo para caerme otra vez. ¿Qué sucede?

Tu Palabra deja bien en claro que cualquier área en mi vida que no sea entregada a tu perfecta voluntad será de estorbo a lo mejor que tienes para mí. Y VERDADERAMENTE quiero lo que tú tienes para mí. Mientras pienso en eso, puedo ver que SÍ HAY ciertas cosas en mi vida que aún no te entregado. Hay áreas en mi vida donde he ignorado tus señales y tu dirección y todo ha girado en torno a *mí*.

QUIERO RENDIRME POR COMPLETO A TI Y ESCUCHAR TU VOZ EN LAS SIGUIENTES ÁREAS DE MI VIDA:

1. ______________________________

2. ______________________________

3. ______________________________

4. ______________________________

5. ______________________________

Para seguir avanzando, no puedo apoyarme en mis propias fuerzas; es obvio cuán lejos he llegado por mi propia cuenta (no muy lejos). Eres tú quien me ha empoderado para poder llegar a donde me encuentro hoy. Sí algún día llegara a perder eso de vista, sería mi perdición. ¡Y eres tú quien me empoderará para llegar aun más lejos! Así que, ya no insistiré más en hacerlo en mis propias fuerzas. Me apoyo en tu sabiduría, tu perspicacia y tu camino. ¡Y eso es precisamente lo que me eleva más alto!

EN ESTE MOMENTO, QUIERO SOLTAR ESTAS COSAS QUE ME HAN ESTADO RETENIENDO; ESTAS PESAS QUE SON DE ESTORBO A TODO LO QUE TÚ TIENES PARA MÍ:

1. ______________________________

2. ______________________________

3. ______________________________

4. ______________________________

5. ______________________________

¡Vaya! ¡Me siento mucho más liviana! Ahora creo que estoy lista para seguirte aun más lejos. Gracias, Dios, por enseñarme cómo soltar mis cadenas una y otra vez.

Mi oración y mis pensamientos

PARA PROFUNDIZAR MÁS EL ESTUDIO, LEE SALMOS 124:7, ISAÍAS 40:31 Y JEREMÍAS 30:8.

SOLTERA Y DISPONIBLE

(PÁGINA EN EL LIBRO 185)

FECHA: ____________

Hola Dios.

He tratado de ser paciente. He procurado crecer como persona. Pareciera como si TODAS LAS PERSONAS SOLTERAS a mi alrededor son… mejor dicho, NO son solteras. ¡Estoy cansada de esperar! ¿Cuándo me toca a mí?

Perdón… necesitaba desahogarme. Yo sé que tus tiempos son perfectos… pero ¿podrías apurarte un poquito? No me estoy volviendo más joven con el pasar del tiempo… o menos sola.

Quizás lo que procuras recordarme esta vez (una vez más) es que TÚ eres todo lo que necesito. Si no escojo estar satisfecha en ti, ser completa en ti, inevitablemente me sentiré desilusionada cuando mi esposo no pueda llenarme. Yo sé que me estás preparando para cuando conozca a esa persona especial.

ESTAS SON ALGUNAS MANERAS PRÁCTICAS DE ACERCARME A TI Y HALLAR MI SATISFACCIÓN EN TI:

1. ____________________

2. ____________________

3. ____________________

4. ____________________

5. ____________________

Yo sé que por alguna razón depositaste este deseo en mi corazón. Y yo sé que tu plan es mejor que cualquier otra cosa que yo pudiera fabricar o imponer. Confío en ti; escojo descansar en ti. Escojo volcar mi corazón en ti porque, para serte honesta, es DIVERTIDO pensar en la persona para quien me estás preparando.

ESTAS SON ALGUNAS DE LAS CARACTERÍSTICAS QUE QUISIERA EN ESA PERSONA ESPECIAL PARA QUIEN ME ESTÁS PREPARANDO:

1. ____________________

2. ____________________

3. ____________________

4. ____________________

5. ____________________

ESTAS SON ALGUNAS DE LAS CARACTERÍSTICAS QUE HAS ESTADO DESARROLLANDO EN MÍ PARA PREPARARME Y MOLDEARME EN LA COMPAÑERA DE ESA PERSONA ESPECIAL:

1. ____________________

2. ____________________

3. ______________________________

4. ______________________________

5. ______________________________

Gracias por ir delante de mí en esta área, Dios, y por preparar el camino para mí y mi futuro esposo. No veo la hora de ver lo que tú tienes preparado para los dos. ¡Nuestra historia será hermosa porque eres TÚ quien la escribió!

Mi oración y mis pensamientos

Para profundizar más el estudio, lee Isaías 62:3-4, Proverbios 18:22, Isaías 54:5 y Génesis 2:18.

• • ●●● • •

ESO YA LO SÉ

(PÁGINA EN EL LIBRO 189)

FECHA: ____________

Hola Dios.

A veces siento que ya aprendí todo sobre ti. Yo sé que no es verdad, pero llevo tiempo estudiando la Biblia. Llevo bastante tiempo orando. Llevo mucho tiempo cantando canciones de alabanza y adoración. A veces me pregunto, "¿Acaso no hay más? ¿No hay nada nuevo?".

Salomón dijo que no hay nada nuevo bajo el sol. Pero eso no te incluye a TI. ¡No significa que TÚ no tienes nada nuevo para mí! Simplemente, puede que lo "nuevo" no sea lo que yo ESPERO; puede que no responda a mis expectativas.

AHORA QUE LO PIENSO, ESTAS SON OCASIONES EN LAS QUE TRAJISTE ALGO NUEVO A MI VIDA POR MEDIO DE LO FAMILIAR O CONVENCIONAL:

1. ____________________

2. ____________________

3. ____________________

4. ____________________

5. ____________________

Aún la vida de Jesús, en muchas maneras, era común. El no era una persona llamativa, ostentosa, adinerada y revolucionaria. Sí, es cierto, él sí revolucionó el mundo… pero lo hizo como el hijo de un carpintero. Lo hizo usando ropa normal, teniendo amigos normales, e interactuando con personas normales a lo largo de sus días normales.

Hay poder en lo familiar. ¿Por qué? Porque es la plataforma que *tú* utilizas para mostrar que TÚ, Dios, eres lo que necesitamos. No necesito un estilo de vida nuevo y llamativo, ni ninguna posesión o método especial; ¡te necesito a TI!

¡ESTO ES LO QUE NECESITO DE TI EN MI VIDA! ESTAS SON ALGUNAS COSAS NUEVAS QUE PUEDO HALLAR ÚNICAMENTE EN TI:

1. ____

2. ____

3. ____

4. ____

5. ____

¡Gracias Dios, por ser la fuente de todo lo fresco, inspirador y NUEVO! Entréname a mirarte a ti, aun en lo que yo considero cotidiano y familiar. ¡Necesito mirar detenidamente y notar las cosas emocionantes que tú has puesto en mi vida!

Mi oración y mis pensamientos

Para profundizar más el estudio, lee Éxodos 40:34-35, Éxodos 16:7, Lucas 2:7 y Juan 6:42.

PRESIÓN

(PÁGINA EN EL LIBRO 193)

FECHA: ____________

Hola Dios.

Ya no me resulta tan fácil. Me siento como que entré en las grandes ligas. Hay más personas que ahora dependen de mí. Mi trabajo exige un mayor nivel de excelencia. Hay menos lugar para la pereza, las distracciones, equivocaciones y errores. ¡Esto no es broma!

Mi instinto es salir corriendo, escapar, y aliviar la presión un poco con los recuerdos de cuando todo era más fácil y cómodo. Si recuerdo bien… era feliz antes de que las cosas cambiaran. Aunque, ahora que lo pienso, volver sería dar un paso gigante hacia ATRÁS. Hay tantas cosas buenas y mejores a las que me has dirigido, a pesar de la presión que he tenido que enfrentar.

EN ESTE CAPÍTULO DE MI VIDA, LLENO DE PRESIÓN, PUEDO VER TU MANO MOVERSE EN LAS SIGUIENTES FORMAS:

1. ____

2. ____

3. ____

4. ______________________________

5. ______________________________

Levantarme otra vez puede ser intimidante, pero no es imposible. ¿Por qué? ¡Porque tengo al Dios Todopoderoso de mi lado! Entonces, ¿qué importa si soy desafiada? ¿Qué importa si más presión me espera a la vuelta de la esquina? Hay nueva gracia para cada temporada. ¡Tengo nuevas fuerzas! ¡He sido desarrollada para aguantar más, manejar más, crecer y acercarme más a ti! ¡Y eso es algo que no lo cambiaría por toda la comodidad del mundo!

¡Gracias por permitirme crecer y alcanzar nuevas alturas! Gracias por confiar en mí. Correré a ti para suplir cada necesidad en esta temporada de mi vida. ¡Tú me trajiste aquí, y tú me sostendrás en este lugar!

ESTAS SON LAS COSAS QUE NECESITO –COSAS QUE ÚNICAMENTE ENCONTRARÉ EN TI– A MEDIDA QUE TRANSITO LA PRESIÓN:

1. ______________________________

2. ______________________________

3. ______________________________

4. ______________________________

5. ______________________________

Sé que ya estás aquí, en medio de mi situación. Así que, en este momento, te invito a que te muevas como tú quieras. Llena mi tanque y dirige mi corazón. Señor, dame TU visión para este capítulo de mi vida, y ayúdame a cargar y manejar la presión sanamente y de manera que tú seas honrado.

Mi oración y mis pensamientos

Para profundizar más el estudio, lee Salmos 27:1, Salmos 23:4, 1 Juan 4:4, Santiago 4:7.

• • ● ⬤ ● • •

¿QUÉ IMPORTANCIA TIENE UN NOMBRE?

(PÁGINA EN EL LIBRO 197)

FECHA: ____________

Hola Dios.

¿Por qué es tan fácil y común decir mi nombre y luego monopolizar la conversación con todo sobre mí? ¿Por qué es tan fácil terminar una oración con un breve "En el nombre de Jesús, amén" y seguir con nuestra actividad –comer, manejar, acostarse, etc.–?

Sé que no he reverenciado tu nombre como mereces. No me he tomado el tiempo de contemplarte con asombro y admiración. Paso tanto tiempo pensando en mi necesidad de ser comprendida, que no me doy cuenta que mi deseo en realidad refleja TU deseo de ser adorado, visto y reverenciado.

ESTAS SON ALGUNAS DE LAS DESCRIPCIONES O VERDADES QUE TU PALABRA DICE SOBRE TUS CARACTERÍSTICAS Y TU IDENTIDAD:

1. ______________________________

2. ______________________________

3. ______________________________

4. ______________________________

5. ______________________________

Ahora que lo pienso bien, las cosas por las cuales solicito tu ayuda serían resueltas más fácilmente si COMENZARA mi tiempo de oración meditando en quien eres. Tú quieres que tu identidad invada cada parte de mi ser; que cambie la manera en que vivo y veo las cosas. Únicamente cuando moro EN TI es que puedo pensar, actuar y vivir conforme a ti. He estado orando por ayuda, pero he estado descuidando mi enfoque en la Ayuda. He estado orando por paz, pero no me he tomado el tiempo de fijar mis ojos en ti, la Paz. He estado pidiendo sabiduría, sin pasar tiempo en ti, el Sabio Dios, y ser llena de ti.

TODO LO QUE NECESITO EN ESTE MOMENTO, SÉ QUE PUEDO ENCONTRARLO EN TI ¡PORQUE TÚ ERES TODAS ESAS COSAS! TÚ ERES...

1. ______________________________

2. ______________________________

3. ______________________________

4. ______________________________

5. ______________________________

De ahora en adelante pronunciaré tu nombre intencionalmente. Pensaré detenidamente A QUIEN me dirijo cuando hablo contigo. Es increíble que siquiera me permitas hablarte; que ¡Tú desees hablarme a mí! Voy a pasar más tiempo mirándote con asombro y apreciando todo lo que eres. ¡Muchas gracias por ser quien eres!

Mi oración y mis pensamientos

Para profundizar más el estudio, lee Apocalipsis 22:16, Apocalipsis 5:5, Éxodos 17:15.

VER LOS TOROS DESDE LA BARRERA

(PÁGINA EN EL LIBRO 201)

FECHA: ____________

Hola Dios.

Pareciera que todos quieren opinar sobre mi sueño. No recuerdo haberles pedido su opinión, pero aquí están de todos modos. Es bien difícil enfocarme en la tarea que me has asignado cuando tengo tantas voces que me aturden. ¿Podemos silenciarlas un poco?

De hecho, es mi responsabilidad decidir cuáles voces tienen influencia en mi vida. Si me rodeo con personas negativas –personas pesimistas, que no tienen experiencia; el tipo de personas que les gusta hablar, pero no ayudan en nada– entonces, ¿qué puedo esperar de ellas?

¡Necesito algo mejor! Necesito personas de buen carácter; personas que quieran lo mejor para mí; personas cuya prioridad sea tu Palabra. Necesito ser más intencional al elegir las voces que tienen influencia en mi mente y corazón.

ESTAS SON LAS CARACTERÍSTICAS CLAVE DEL TIPO DE PERSONAS QUE NECESITO EN MI VIDA:

1. ____

2. ____

3. ______________________________

4. ______________________________

5. ______________________________

Yo sé que no puedo hacerlo sola. No puedo cumplir tus propósitos y sueños para mi vida sola. Sé que has puesto personas sabias, sanas, alentadoras en mi vida; ¡simplemente necesito buscarlas! Tú no quieres que fije mi atención en las voces negativas y que consuman mi vida y alegría; ¡ayúdame a arrancar toda cizaña!

ESTAS SON LAS CARACTERÍSTICAS DE LAS VOCES QUE NO NECESITO EN MI VIDA EN ESTE MOMENTO:

1. ______________________________

2. ______________________________

3. ______________________________

4. ______________________________

5. ______________________________

Gracias por tu sabiduría, Dios. Gracias por rodearme por personas que quieren lo mejor para mí. Ayúdame a filtrar mis amistades y a encontrar voces que te reflejen a TI y puedan hablar a las partes más íntimas de mi vida.

Mi oración y mis pensamientos

Para profundizar más el estudio, lee Proverbios 11:14 y Salmos 1:1-6.

TIEMPO SIN VERTE

(PÁGINA EN EL LIBRO 205)

FECHA: ____________

Hola Dios.

Parece que he estado buscando descanso en el lugar equivocado. Estoy postergando, con deseos de huir, desesperada por un descanso… sin embargo, cada vez que intento descansar, termino de mal humor, agotada y cansada.

Y, por cierto, en todo esto, no he estado acudiendo a ti. Ese es el problema. Descansar en ti SERÍA la clave para encontrar verdadero descanso, ¿verdad? ¿Cómo habría de sentirme completa, llena, capaz y en paz si sigo postergando pasar tiempo contigo?

ESTAS SON LAS COSAS QUE HAN ESTADO OCUPANDO MI TIEMPO EN MI INTENTO DE ENCONTRAR DESCANSO, EN VEZ DE ACUDIR A TI:

1. ____________________

2. ____________________

3. ____________________

4. ____________________

5. ____________________

Ya sea pasar un poco de tiempo en Instagram, comprar algo nuevo o mirar mi show favorito, nada se compara a la paz y la satisfacción que siento después de haber pasado tiempo contigo. Yo sé que es a ti a quien busco en todas las otras cosas. Me encanta el hecho que tú no me obligas ni me impones nada... pero verdaderamente necesito tu ayuda para poner mis prioridades en orden y buscarte a ti primero, más que a cualquier otra cosa o persona.

ESTAS SON LAS COSAS BUENAS QUE PROVEES PARA MI ALMA; COSAS QUE YO SÉ QUE NO PUEDO ENCONTRAR EN NINGÚN OTRO LUGAR:

1. ____________________

2. ____________________

3. ____________________

4. ____________________

5. ____________________

Estoy cansada de que seas mi último recurso. ¡Eso cansador! ¡Es agotador! Es por eso que Jesús, regularmente se retiraba, a primera hora del día, para pasar tiempo con el Padre. Yo necesito tener la misma estrategia: ¡Tú necesitas ser mi PRIMER prioridad! Ayúdame a que esa sea mi elección, ¡por mi bien y para tu gloria!

Mi oración y mis pensamientos

Para profundizar más el estudio, lee Isaías 66:12,
2 Corintios 3:18, Jeremías 15:20 y Lucas 15:20-22.

• • ●●● • •

CELOSA DEL GOZO

(PÁGINA EN EL LIBRO 209)

FECHA: ____________

Hola Dios.

¡UGH! ¡La gente me está sacando de quicio hoy! Quiero escoger el gozo, pero constantemente me molesto, actúo desagradecida y me noto algo negativa. Para serte completamente honesta, ¡me urge tu gozo!

Tu Palabra dice que el gozo es uno de los frutos que tú produces en tus hijos. ¿Cómo se da eso? A medida que permanecemos en ti –la viña–, nosotros, las ramas, damos fruto. No es en mis propias fuerzas –no se trata de obligarme a mí misma que esté gozosa (como si eso siquiera funcionara)–. En cambio, se trata de pasar tiempo contigo. Cuanto más tiempo paso con el Gozo, más gozosa estaré.

ESTOS SON OTROS FRUTOS DEL ESPÍRITU QUE VERDADERAMENTE NECESITO EN MI VIDA:

1. ______________________________

2. ______________________________

3. ______________________________

4. ______________________________

5. ______________________________

No importa qué me pueda faltar, tú eres la fuente. Tú eres quien cambia mi perspectiva y me transforma de adentro hacia afuera. Cuanto más trato de hacerlo en mis fuerzas, más malhumorada me pongo. No quiero tomar ese camino; he visto hacia donde conduce. ¡Quiero apoyarme en ti y tu manera de pensar!

¡ESTOS SON ALGUNOS DE MIS PA-SAJES BÍBLICOS FAVORITOS QUE HABLAN SOBRE EL GOZO!

1. ______________________________

2. ______________________________

3. ______________________________

4. ______________________________

5. ______________________________

Sé que mi gozo depende de cuánto escojo permanecer en ti. Así que, ¡hoy escojo permanecer en ti! Escojo pasar tiempo contigo, escucharte y caminar en obediencia a lo que dices. Ya no hace falta ponerme celosa del gozo porque camino contigo, ¡camino con el verdadero Gozo!

Mi oración y mis pensamientos

Para profundizar más el estudio, lee Romanos 15:13, Salmos 16:11 y 1 Tesalonicenses 5:16-18.

¿POR QUÉ DIGO LO QUE VEO?

(PÁGINA EN EL LIBRO 213)

FECHA: ____________

Hola Dios.

Necesito prolongar el tiempo entre cuando veo algo y digo algo al respecto. No siempre respondo como me gustaría responder. Reacciono basada en lo que veo físicamente, en vez de lo que veo por fe.

Yo sé que tu mano está sobre mi vida, incluso en medio de circunstancias difíciles. De hecho, a veces, las cosas de las que me quejo terminan siendo las que usas para desarrollarme y desafiarme. Cuando miro las cosas con ojos de fe, mi vocabulario entero cambia.

ESTOS SON ALGUNOS DE LOS DESAFÍOS QUE ESTOY ENFRENTADO ACTUALMENTE EN MI VIDA QUE, A SEGUNDA VISTA, ESTÁS USANDO PARA HACERME MÁS COMO TÚ:

1. ____

2. ____

3. ____

4. ____

5. ____

Tú no necesitas mi pronóstico del clima; tú ya sabes lo que está sucediendo. Tú no necesitas que me preocupe o me obsesione. En cambio, me pides que sea auténtica contigo, que solicite tu ayuda, y que camine en obediencia a lo que me pides que haga —es así de simple—.

¡Si veo y digo, debería VER tu Palabra y DECIR lo que tú hablaste sobre mi vida!

TOMANDO EN CUENTA LA LISTA DE DESAFÍOS DE ARRIBA, ESTO ES LO QUE DICE TU PALABRA SOBRE CADA UNO DE ESOS DESAFÍOS —¡ESTO ES LO QUE QUIERO VER Y DECIR!—:

1. ____

2. ____

3. ____

4. ____

5. ____

Yo sé que no tengo la visión completa de mi situación actual. ¡Por eso estoy agradecida de tenerte aquí! Tú verdaderamente lo ves todo y confío en tu providencia. Confío en tu verdad. ¡Enfoco mis ojos (y lo que salga de mi boca) en lo que TÚ dices!

Mi oración y mis pensamientos

Para profundizar más el estudio, lee Salmos 19:14, Marcos 11:23-24 y Efesios 1:18.

¿POR QUÉ SON TAN MALOS?

(PÁGINA EN EL LIBRO 217)

FECHA: ____________

Hola Dios.

El trabajo del enemigo es lograr que yo me de por vencida y usará lo que pueda para conseguirlo –una señora grosera en la tienda que me sacó de quicio; un desconocido en las redes sociales que agitó mis sentimientos; un ser amado que puede con tan solo una palabra enfurecerme–. A veces hasta puede usarme a mí. A veces soy yo la persona mala quien arruina el día.

ESTAS SON ALGUNAS DE LAS COSAS QUE ME HAN HECHO QUERER DARME POR VENCIDA -DEJAR DE COMER SALUDABLE, DARME POR VENCIDA EN MI TRABAJO, MIS SUEÑOS, MI ESPOSO U OTROS SERES QUERIDOS-:

1. ____________

2. ____________

3. ____________

4. ____________

5. ____________

Goliat paralizó una nación entera con una amenaza intimidante. Eso es lo que hace la gente boca grande –escriben cheques con sus bocas que no pueden cobrar, todo con la esperanza de que los escogidos de Dios (esa soy yo) se paralicen–. Casi funcionó para Goliat… ¡PERO David!

Dios, yo soy el David que has escogido para esta situación y he enfrentado situaciones cuesta arriba que me han preparado. Me ha tocado lidiar con gente mala antes y he sobrevivido.

RECUERDO CUANDO ME AYUDASTE A ATRAVESAR/ SUPERAR:

1. ______________________________

2. ______________________________

3. ______________________________

4. ______________________________

5. ______________________________

¡Y lo harás otra vez, Señor! Tú tomas lo que el enemigo quiso usar para hacerme mal y lo conviertes en bien para mí. Usas mi retroceso para promocionarme. ¡Usas lo que pareciera ser un entrenamiento de honda insignificante y lo usas para convertir a un pastor en rey!

Que digan lo que quieran; ¡esto puede llegar a convertirme en realeza!

Mi oración y mis pensamientos

Para profundizar más el estudio, lee 1 Samuel 17:8-10, 43-47, Salmos 27:12-13 y 1 Pedro 5:8.

LAS ESCONDIDAS

(PÁGINA EN EL LIBRO 221)

FECHA: ____________

Hola Dios.

Es difícil creer que tú me ves cuando yo no te puedo ver a ti. Trato sentirte, pero seamos honestos, algunos días, me siento como que hablo con la pared. ¿Cómo es posible que mis experiencias contigo sean tan diferentes de un día para otro? Sin embargo, ahora que lo pienso bien, hubo veces en la vida que no te podía SENTIR, no te podía VER, pero tú estabas trabajando a mi favor, estabas completamente presente en mi vida.

¿RECUERDAS CUANDO YO NO TE PODÍA VER, PERO ESTABAS OBRANDO EN DE LAS SIGUIENTES MANERAS?:

1. ____________________

2. ____________________

3. ____________________

4. ____________________

5. ____________________

¡Claro que lo recuerdas porque tú estabas allí! Siempre has estado allí. Tu Palabra dice que jamás me dejarás. Yo lo creo, aun cuando mis emociones no se alinean con esa verdad. Yo lo creo, aun cuando se me hace difícil escucharte. Tú no eres el que cambia; ¡es mi perspectiva de ti la que cambia!

ESTO ES LO QUE TU PALABRA DICE SOBRE TU PRESENCIA FIEL Y CONSTANTE EN MI VIDA:

1. ______________________________

2. ______________________________

3. ______________________________

4. ______________________________

5. ______________________________

Gracias por ser verdadero y constante, incluso cuando mis sentimientos no lo son. Gracias por estar presente, incluso cuando no lo merezco. Yo sé que mi "visión espiritual" quizás no sea 20/20, pero gracias por nunca jugar a las escondidas conmigo. ¡Yo sé que estás presente y te agradezco que nunca me dejarás!

Mi oración y mis pensamientos

Para profundizar más el estudio, lee Génesis 16:13-14, 2 Corintios 4:18 y Juan 20:29.

LLEGUÉ AL LÍMITE

(PÁGINA EN EL LIBRO 225)

FECHA: ____________

Hola Dios.

¿Por qué será que las cosas PARECIERAN ir viento en popa, pero me pierdo las pistas clave que indican que las cosas no son lo que parecen ser? Y ¿por qué será que cuando las cosas PARECIERAN ir bien, me olvido hablarte a ti sobre esas cosas? Si todo en la vida va perfecto, es porque tú me has bendecido, he hallado gracia y favor, me has premiado y mucho más. ¡No voy a acaparar más todo lo bueno para mí sola!

ESTAS SON ALGUNAS DE LAS COSAS EN LAS QUE NO TE HE INCLUIDO, PERO DEBERÍA HACERLO (ASEGÚRATE DE LLENAR TODOS LOS ESPACIOS):

1. ____

2. ____

3. ____

4. ____

5. ____

¡Los muros existen! Así como los muros de Jericó eran reales. Y a veces, me pides que me acerque al muro y lo derribe. Y sé que puedo hacerlo bajo tu dirección y tu unción, pero necesito discernir tu camino. Si Josué hubiera hecho que el ejército atacara el muro, vidas (y quizás hasta la batalla completa) podrían haberse perdido. Pero gracias a los pasos de un hombre ordenado por el Señor, solo tomó caminar un par de días alrededor de los muros para derribarlos.

No tenía sentido en lo natural. Pero fue obviamente efectivo en el espíritu. Yo sé que me estás guiando a hacer algunas cosas en lo espiritual que no he estado haciendo. Pongo la excusa de que no tengo tiempo o la excusa de que no entiendo; tengo una lista de "razones" por qué no puedo hacerlo.

EN ESTE MOMENTO, LAS RAZONES TERMINAN. ESTAS SON ALGUNAS COSAS QUE HAS PUESTO EN MI CORAZÓN Y A LAS CUALES VUELVO UNA Y OTRA VEZ:

1. ______________________________

2. ______________________________

3. ______________________________

4. ______________________________

5. ______________________________

Perdóname por insistir en manejar esto yo sola. ¿Cómo pude olvidar que tú eres la fuente de mi fuerza y sabiduría? Me has ayudado a atravesar cada lucha y batalla con tu maravilloso plan –guíame en estas cosas también–. Me rindo a ti. Lo haré a tu manera o no lo haré para nada.

Mi oración y mis pensamientos

Para profundizar más el estudio, lee Josué 6:3-20 y Salmos 37:23-25.

ANDO CON EL TANQUE VACÍO

(PÁGINA EN EL LIBRO 229)

FECHA: ____________

Hola Dios.

¿Puedes creer cuán exigente es la gente? No importa cuanto haga por ellos, ¡nunca es suficiente! Siempre hay UNA COSA MÁS para hacer. ¡Necesito un descanso!

En realidad, te necesito a ti. Tú eres el que llena mi copa cada día. Tú eres quien me da la fuerza para responder a un email más, preparar una comida más, manejar a una reunión más… siempre has sido tú. No puedo hacer esto por mi propia cuenta… pero caigo en el mismo error.

ESTAS SON ALGUNAS COSAS QUE LA GENTE HA INTENTADO AÑADIR A MIS RESPONSABILIDADES (PERO NO TENGO ESPACIO):

1. ______________________________

2. ______________________________

3. ______________________________

4. ______________________________

5. ______________________________

¿Cómo pude pensar que esto funcionaría lejos de ti? Eso siempre termina de una sola manera: termino agotada, emocional, volátil y a la defensiva. Por supuesto que termino así, si no me he estado cuidando a mí misma. No he permitido que seas tú quien me llene. Tú eres el propósito, la dirección, la fuerza, la sabiduría, la energía, el aliento, y mil otras cosas que necesito cada día. Tú aumentas mi valor porque ¡así de maravilloso eres tú! ¡Eres tan bueno conmigo!

SÉ QUE NECESITO CORRER A TI CADA DÍA Y PERMITIR QUE TÚ ME LLENES CON...

1. ______________________________

2. ______________________________

3. ______________________________

4. ______________________________

5. ______________________________

Mi perspectiva estaba mal. Pensé que era mi deber satisfacer las necesidades de los demás cuando lo que verdaderamente necesitaba era permitir que tú fueras quien satisface MIS necesidades. ¡Con razón estoy tan agotada! Aquí estoy, Señor. ¡Lléname como solo tú puedes hacerlo!

Mi oración y mis pensamientos

PARA PROFUNDIZAR MÁS EL ESTUDIO, LEE ISAÍAS 40:29-31,
MATEO 6:33-34 Y FILIPENSES 4:6-7.

NECESITO TOMAR UNA DECISIÓN

(PÁGINA EN EL LIBRO 233)

FECHA: ____________

Hola Dios.

Hola Dios, he hecho mi lista de ventajas y desventajas. He investigado en el Internet preguntas relacionadas. He llamado a mis amigos, a mis padres, y a otras personas importantes en mi vida buscando su consejo y opinión sabia. Pero al final del día, sigo confundida.

¿Qué rayos voy a hacer? ¿Qué camino tomo? ¿Qué decido? No me queda más que preguntarle a quien tendría que haber acudido en primer lugar, ¿verdad? Tú lo sabes TODO. Tú ordenaste mis pasos desde antes de la fundación del mundo. Quizás puedas brindar claridad a mi situación, como lo has hecho tantas veces en el pasado.

RECUERDO CUANDO ME AYUDASTE A TOMAR UNA DECISIÓN RESPETO A...

1. ____

2. ____

3. ____

4. ______________________________

5. ______________________________

Tus planes siempre salen bien. ¡Yo lo sé bien! Entonces, ¿por qué he acudido a otros para convencerme y tomar una decisión? La única voz que necesito escuchar es la tuya. Tú eres la fuente de paz que necesito para tomar cada decisión. No quiero tomar ni un solo paso sin tu paz. Eso nunca termina bien. Ya no me apoyaré más en mi propio entendimiento y en el de otros. Me apoyaré por completo en tu sabiduría.

ESTAS SON LAS FORMAS PRÁCTICAS DE DEPENDER MÁS DE TU SABIDURÍA QUE IMPLEMENTARÉ ESTA SEMANA PARA TOMAR DECISIONES:

1. ______________________________

2. ______________________________

3. ______________________________

4. ______________________________

5. ______________________________

Pondré atención a tu voz y avanzaré en la dirección que me guíes. Caminaré en obediencia, porque sé que tu voz es la única voz en la cual puedo apoyarme todo el tiempo. ¡Gracias por ayudarme a tomar esta decisión y mil decisiones más! ¡Gracias por ser el Dios de toda sabiduría!

Mi oración y mis pensamientos

Para profundizar más el estudio, lee Isaías 1:19, Proverbios 3:5-6, Proverbios 2:6, Colosenses 3:15 y Filipenses 4:8.

QUEBRANTADA

(PÁGINA EN EL LIBRO 237)

FECHA: ____________

Hola Dios.

A veces siento que soy la única a quien le falta algo. Todos parecieran tener y saberlo todo. Me siento fundamentalmente defectuosa… insuficiente. ¿Por qué será que las cosas que parecieran darse de manera natural para los demás, a mí me cuestan tanto y requieren tanto tiempo y empeño?

¿Qué pasa conmigo? ¿Por qué estoy quebrantada?

Yo sé que no soy la única persona defectuosa. Todos tenemos nuestras luchas. Y mi quebrantamiento no te aleja de mí; al contrario, te especializas en amar y trabajar en las vidas quebrantadas.

ESTAS SON ALGUNAS DE LAS PERSONAS EN LA BIBLIA QUE ERAN IMPERFECTAS Y DEFECTUOSAS, PERO TÚ LAS USASTE CON PROPÓSITO:

1. ____

2. ____

3. ____

4. ____

5. ____

Tú no solamente usaste a estas personas sino ¡las AMASTE apasionadamente! ¡Tu amor es incondicional! Viniste a sanar los pedazos rotos de mi ser y a hacerme nueva en ti. Soy más fuerte que nunca en ti y ahora puedo reconocer cómo has tomado mi pasado y mis pedazos rotos y los has convertido en fuerza.

EN EL PASADO, SANASTE MI CORAZÓN ROTO Y ME FORTALECISTE CUANDO...

1. ____

2. ____

3. ____

4. ____

5. ____

El enemigo trata de convencerme de que tú no me amarás porque estoy quebrantada. Pero estas debilidades son lo que tú usarás para glorificarte y acercarme más a ti. ¡Verdaderamente eres un Dios bueno!

Mi oración y mis pensamientos

Para profundizar más el estudio, lee Isaías 61:1, Lucas 4:18-21, Salmos 34:18 y Nahúm 1:9.

• • ● ● ● • •

ESTOY LISTA PARA LA MONTAÑA RUSA

(PÁGINA EN EL LIBRO 241)

FECHA: ____________

Hola Dios.

¡No veo la hora de ver lo que vas a hacer a continuación! Me siento como si fuera una sorpresa –como la caída en una montaña rusa que es inesperada y emocionante al mismo tiempo–. ¡Tus planes siempre son emocionantes!

Recuerdo las muchas veces que me llevaste en grandes aventuras. En ocasiones daban miedo al principio, pero en retrospectiva, puedo ver que ¡verdaderamente tenías algo mejor preparado para mí!

¿RECUERDAS CUANDO YO TENÍA MIEDO, PERO TÚ ME MOSTRASTE QUE...?

1. ______________________________

2. ______________________________

3. ______________________________

4. ______________________________

5. ______________________________

Ya que estás conmigo, no tengo por qué temer. Yo sé que cuidas de tu rebaño, y que nunca me dejarás ni me abandonarás. Estoy lista para subirme a la montaña rusa contigo. Eres un Dios cofiable. Lo que tienes preparado es mucho mejor que cualquier cosa que pudiera imaginar.

De hecho, tu Palabra dice mucho sobre los planes que tu tienes preparados para mí. Son planes de bien, para glorificarte, planes que incluye a otras personas que también te aman.

TU PALABRA DICE QUE TUS PLANES...

1. ______________________________

2. ______________________________

3. ______________________________

4. ______________________________

5. ______________________________

¡Gracias por tener los mejores planes y por hacerlos tan emocionantes! Gracias por calmar mis nervios, y por consolarme cuando más te necesito. No veo la hora de ver lo que has planeado. ¡Vamos! ¡Subámonos juntos en esta montaña rusa!

Mi oración y mis pensamientos

PARA PROFUNDIZAR MÁS EL ESTUDIO, LEE ISAÍAS 43:19,
SALMOS 23:1-2 Y SALMOS 23:4.

www.ingramcontent.com/pod-product-compliance
Lightning Source LLC
Chambersburg PA
CBHW062050080426
42734CB00012B/2598

* 9 7 8 1 9 5 4 0 8 9 0 3 7 *